「法隆寺雑記」を読む会 編

南北朝期 法隆寺雑記

南都寺社史料集【2】

岩田書院……史料選書5

岩田書院

渡辺将史——◉装幀

『南都寺社史料集』だより

第1号　2017年5月

『南北朝期　法隆寺記録』刊行以後の経過報告

『南北朝期　法隆寺記録』刊行報告会

これまで斑鳩に所在する（した）古文書類の翻刻・目録が発表・刊行されたものは少なからずある。しかし、それらは利用されるのみで、地元に還元ないし感謝の気持をもってその報告会が開かれたのを知らない。これでは現在までこれらを守ってこられた方、これらに誇りを持ってこられた方には申し訳ないのではと思われた。僭越ながらこの現状を打破しようと考え、我々は小規模ではあるが、「小展示と講演会」を企画した。具体的には、「「法隆寺記録」を読む会」主催で「『南北朝期　法隆寺記録』刊行報告会　小展示と講演会」と題して二〇一四年十一月九日正午より、斑鳩町中央公民館創作室にて開催した。

南都寺社史料集刊行会　河野昭昌
〒639・1065
奈良県生駒郡安堵町笠目661・9
TEL・FAX：0743・56・1898

小展示

・大阪府立中之島図書館蔵　複製『法隆寺記録』
・紙背「勝鬘会注進状」（観応二年）と小字名　等

講演

・岡﨑建治　ご挨拶
・田中順一　南北朝期法隆寺のおもしろさを伝える
・河野昭昌　『南北朝期　法隆寺記録』を読む

質疑応答に時間を割き、それも実り多かった。

実は、前日岩田書院主岩田博氏より書簡にて「地元に還元とは及びませんでした。出来るならそちらへうかがいたい気持です」という激励を受け、以心伝心を感じ、心強くなった。

『古文書　鳩遊』に河野・田中氏が事後処理寄稿他

河野が「『南北朝期　法隆寺記録』追考1・2　」（『古文書　鳩遊』（「斑鳩を古文書で歩く会」平成二十五・六

年度報告書　通巻第九・一〇号、二〇一四・五年）、田中順一氏が「『南北朝期　法隆寺記録』の後始末1」（前同書第一〇号）を発表する。これらは、本『南都寺社史料集だより』の準備作業であった。

　さらに田中氏が、『聖徳』（法隆寺）に二〇一四年十二月（第二二二号）より「『南北朝期　法隆寺記録』に現れた法隆寺僧」の連載を始められた。これは、田中氏が発掘しつつある南北朝期の傑僧湛舜を主軸とする、法隆寺史において初めての当該時期の概説である。

『南北朝期　法隆寺記録』読書会

　二〇一四年十二月より、第三月曜日午後一時より斑鳩町東公民館研修室にて、本記録の輪読会を数名にて催した。大体一丁を二回のペースで進めた。適宜、河野の「「勝鬘会注進状」（観応二年）を多方面から」、後掲する田中順一氏の「「順導師」（「巡導師」）について」などの口答発表も交えた。しかし、二〇一六年四月前掲田中氏の「『南北朝期　法隆寺記録』に現れた法隆寺僧」（六回分）の読書会に二人以外に誰もお見えにならなかったので、余儀なく中断した。

「法隆寺記録」紙背の写真撮影再度断られる

　「法隆寺記録」紙背が、東京帝国大学史料編纂所にて一部しか影写されていないので、所蔵者大阪府立中之島図書館に写真撮影をお願いするも、断られた由を「解説」にて触れた。とりわけ、未影写の八丁に亘る「法隆所領収納帳」（と推測）が南北朝期の法隆寺の寺辺所領の貴重な史料と思われてならなかった。というのは、寺辺の所領のみならず、地名のあり様が明確に表示されているからである。その一端が、後掲拙文「紙背六丁「常楽寺西浦辺墓」」である。よって、二冊を献呈したおり改めて依頼するが、残念ながら許可はもらえなかった。

『南北朝期　法隆寺記録』正誤表

	誤	正
九六頁三行目	「卌卌会」（涌洲会、以下同）	「卌卌会」（涅槃会、以下同）
九九頁四行目頭注欄		「（一二二頁八行目ヨリカ）」
一〇〇頁六行目	「此断」	「此」
一二八頁九行目頭注欄		「（九九頁四行目ニ続クカ）」
一四三頁六行目	「袋綴二紙」	「袋綴三紙」
一四七頁二行目	「二八ウ）、」	「二八ウ）、九丁は乱丁」
同頁五行目	「六丁と」	「六丁、九丁」
一五七頁二行目	「乱丁二六丁Cから」	「乱丁三丁の六丁、二六丁、九丁を」

同頁五行目　「（貞和五年）　「（貞和五年）九九
頁四行目、九ウ」
一五八頁五・七行目　「尭然房」　「尭禅房」
一八三頁二行目　「交合」　「校合」
一四三頁四行目「そして、」に続けて「八ウ一二行目「末代珍事也」から九オ一行目「導師招提寺長老」はつながらないので九丁も乱丁である。」とする。
一四七頁六行目　「続くようである。」を「続く。この二六ウ「一、新庄堂供養事、貞和五年」は、『嘉元記』の「新庄堂供養事、貞和五年」と同一内容である。よって、九オ一行目「導師招提寺長老」に続く。つまり、乱丁三丁は六丁、二六丁、九丁と続くこととなる。」とする。
一七〇頁一一行目　「天満社拝殿」「別当記」の欄に「〇」

索引

二頁右　「誠介（じょうすけ）」を「誠介（じょうすけ、秋田城介高景《あきたしろすけたかけい》）」
三頁左　「尊光院」を「尊光院（公寿，別当）」
三頁左　「出羽入道（二階堂道蘊）」を「出羽入道（二階堂道蘊貞藤《さだふじ》）」
五頁左　「赤衣　100，115」を一五頁右　「細男」の次に
六頁左　「市　90」の次に「一（壱）会　95，127」を
七頁左　「戒師　117」を一〇頁左　「式　100」の次に「式師　117」に
一〇頁左　「卌卌（ししゅうえ）96，122」を十四頁右　「ネリクリノ糸」の次に「卌卌会（ねはんえ）96，122」に
一一頁左　「順（ノ）導師」　「順（巡）（ノ）導師」
一二頁右　「池水」　「地水」
「池水甲」　「地水甲」
一六頁左　「萌(崩)御」　「萌(崩)御(後醍醐帝)」
かように誤りが多く恥じ入るのみである。心よりお詫び申し上げる。より精確を期するため、ご訂正をご教示いただければ幸いである。

小山正文師よりのご感想と関連史料ご提供

愛知県安城市・真宗大谷派古刹本證寺ご前住職小山正文師（同朋大学仏教文化研究所研究顧問）より二〇一四年十月丁重なご書簡を頂いた。

小山師より右書簡で、既に本「法隆寺記録」を原本より「文永元年の金峯山蔵王堂鐘」（『史迹と美術』第五七八号、一九八九年九月）等にご発表されていた由をお知らせいただいた。加えて、小山師は本書に対して長文

の感想をお認め下さった。ここに、承諾を賜ったので再録させて頂く。

先生の大変なる御労作法隆寺記録ハかねがね私も学生時代より注目致しておりましたが、如何せん読めそうで中々読解出来ませんでした。それが今回先生の地道な御努力御尽力に依り見事完璧な翻刻が完成しましたことハ、正に荻野三七彦博士の顕真撰『聖徳太子伝古今目録抄』のそれにも匹敵する素晴らしい御業績で深い敬意を表する次第でございます。（中略）ところで暦応四年（1341）九月十五日地震の事ハ他の記録に見えないのが不思議でなりません。特に一週間も余震があったのですから法隆寺の史料に出てきてもよさそうに思う次第ですが……これにつき卑近な例でありますけれども昭和十九年（1944）・翌二十年この辺を襲った東南海・三河地震の際二千人以上の犠牲者が出たにかゝわらず隣村ハ無被害であったという事実もありますから、一概に申せませんかもしれないと思う事です。因にこの大地震ハ戦時中の為軍部の圧力に依り報道されませんでした。（句読点は河野が付す）

さらに小山正文師よりの追伸(十一月七日付)で、「翻刻編」「金堂地蔵事」（一一八頁）、「解説」「突出した記事二例―本記事を如何に」(一五三頁)に関する史料として、左のようなご所蔵の「仏書」の奥識語のコピーを頂戴した。

定賓疏云、
弘安十一年二月十日於法隆寺東院書写之畢、
（執）筆宋人　法性　記耳

これにより、弘安十一年（一二八八）に法隆寺東院に宋人法性なる僧が来院していることが明らかとなる。この宋人法性は、一二七九年に元に滅ぼされた南宋から多数やって来た亡命僧の一人と思われる。

仏書に奥識語を残した大陸からのこの亡命僧と同様に「法隆寺記録」の半島から「禅僧」来寺を事実と認識する（現在中世仏教を東アジアの中で位置付ける動向あり）ならば、二点考えられる。一点は、小山師がご指摘の「法隆寺ハ宋にまで知られた国際的寺院であった」こと（これに半島が加わる）、もう一点は、この二事実を記していない『別当記』の事象選択、つまり史書としての史料批判の素材提供となる。右の貴重な史料を提供してくださった小山正文師に改めて感謝申し上げる。

「順導師」（「巡導師」）について　田中順一

『南北朝期　法隆寺記録』の七丁に「一、諸導師事」という記事がある(原文二九頁、翻刻九六頁)。本文に列挙された九度の法会は、全て一人の当番僧が一年交代で導師を勤め、これを「順導師」と称した、と推測される。

その上で、続きの三行は次のように読める。順導師は元々六月の東院蓮花会に始まり、翌年四月の仏生会で交替した。だが正和元年（一三一二）の順導師、角坊延円房は十月十九日に死去したので、その後は正月の新堂御行で交替するようになった。

本書のこの事例を、法隆寺の年中行事記録の『寺要日記』（後掲『影印本　法隆寺史料集　第六・七冊』）と突き合せてみた。結果は次の通りである。

・新堂御行…「導師ハ成業中之中ニ巡ニ廻ル也」（第六冊、以下同、二八頁）
・極楽寺御行…「導師ハ成業中巡ニ廻ル也」（三三二頁）
・心経会…「導師ハ成業中巡ニ当ル役」（四六頁）
・涅槃会…「十五日講堂涅槃会事」「講師ハ業之中巡ニ廻当ル」（一一八頁）
・仏生会…「堂達講師ノ請用ヲ申、講師巡導師役」（一八四頁）
・龍田三十講…「三斗導師布施（三月十八日巡導師付、）」（一五九頁）
・東院蓮花会…「講師（成業中巡ニ廻リ下）」（二五九頁）
・盂蘭盆…「講師ハ巡ニ毎年廻下、成業之中也」（第七冊、以下同、四九頁）
・龍田会…「役人事、講師、成業之中毎年一人宛巡廻テ当ル」（一一三頁）

ここでは「順導師」に代わって「巡導師」であり、「巡ニ廻ル」・「巡ニ当ル役」・「毎年一人宛巡廻テ当ル」などとの表現である。「順導師」は「巡導師」の併用であろうが、それは「一年に九度の法会の導師を勤める当番僧（成業）」と説明できる。

よって、「索引　事項編」一一頁左「順（ノ）導師」を「順（巡）（ノ）導師」と修補する。

紙背六丁「常楽寺西浦辺墓」の周辺　河野昭昌

紙背の「寺辺所領の収納帳」（一五九頁一〇行）に「常楽寺西浦辺墓」（一六〇頁）と読める箇所がある。これは、法隆寺南東三百m辺りに「墓」所があったことを連想させてくれる。管見の範囲内ながらこの事はこれまで知られていない。よって、この問題の周辺を探ってみる。

そもそも、常楽寺の起源は延文四年（一三五九年）に開設された常楽寺市であり、その所在地をめぐって論争が生じている。具体的には、斑鳩町か東隣の安堵町かの二論に分かれている。時間的には安堵町説が先行し、堀池春峰氏「郷村の成立とその生活」（斑鳩町史編集委員会編『斑鳩町史（本編）』一九六三年）以後、吉井敏幸氏、高田陽介氏、井上聡氏が続き、斑鳩町説には伊藤寿和氏「中世における法隆寺門前の「常楽寺市」と「龍田市に関する研究」（『日本女子大学紀要文学部』五五号、二〇〇六年）、続いて奥本武裕氏である。

これらには決定的な史料が提示されていなく、諸氏の論考は決め手を欠いているように思われる。という状況に中で、新出の「三浦家文書」群の一点・貞応二年（一二二三）「僧実玄院田地売券」（大阪大学大学院文学研究科日本史研究室『三浦家文書の調査と研究』枚方市教育委員会、二〇〇七年）に、「常楽寺前」「平群郡八条八里卅五坪」を見出すことができた。この位置は、現在斑鳩町法隆寺二丁目法隆寺幼稚園周辺に相当し、法隆寺南東約三百mである。この文書の出現により常楽寺ないし同市の位置は確定することとなろう。

その上で、法隆寺に近接して末寺（別当は法隆寺僧常楽寺と常楽寺市と墓地は、深くて重い意味を持つ。

四年前「斑鳩の地名を古文書で歩く会」（主宰河野）にて、「僧定舜田地売券処分状」（久安四年（一一四八）法隆寺文書イ-12-1-3　『平安遺文』未収録）に見える「平群郡八条八里廿五坪」「門田」を歩いた時、現在この坪に位置する誓興寺に窺がった。その折、ご住職太田信隆師から次のような回顧談を拝聴した。

境内北側の低い石垣をよく見てください。これらは、昭和五十六年（一九八一年）にここの小川（用水路）を改修した時に出土した、鎌倉時代から江戸時代初期にかけての燈明皿・石仏・石塔の一部です。したがって、この付近一帯は中世から近世にかけての仏教遺跡であったことが想像される。

当時は漠然と常楽寺との関わりが思い浮かんだ。これを改めて「常楽寺西浦辺墓」に注目すると、二十五坪の誓興寺と三十坪の法隆寺幼稚園とは西偏約二十度（斑鳩条里に関わるか）で、直線距離は百数十mであることを再確認した。これならば、常楽寺の墓所の墓石等が小川（用水）に沿って流れた、と推測できなくはない。

（付）この常楽寺と、『太鏡鈔』（慶応義塾図書館蔵）等撰者「常楽寺聖云」も検討に値しよう。

今後の予定

次回『南都寺社史料集』3は、既に影印本（『影印本法隆寺史料集　第二冊』ワコー美術出版、一九八三年）が存するという変則ながら、法隆寺修正会の法会と用途が記録されている「南北朝期　吉祥御願御行記録」を予定している。なお、法隆寺より同記録の翻刻と東京大学史料編纂所蔵写真帳（6115-42-1）からの掲載のご許可を頂いている。

『南都寺社史料集』刊行にあたって

日本仏教の源を源基とする南都仏教、興福寺・東大寺をはじめとする南都寺院が、日本史ないし日本仏教史の中で、なにがしかの位置を占めているということは、何人も是認するところであろう。また、神社の原点的存在のみならず、興福寺と一体化した春日社を擁する大和の神社が、神祇・神道史上、相応の位置づけができることも、敢えて言挙げする要もあるまい。という観点から、大和の寺社は日本史および宗教史上、無視し得ない存在であることは間違いないところである。前記した大和の寺社、つまり南都寺院と大和の神社を、大枠として南都寺社と把握しておく。

右の内実は一面、これまでの南都の寺社に蔵されている史・資料、その研究業績の膨大かつ緻密な研究の蓄積を見ても明らかである。よって、その史料の翻刻も数多くある。当然のことながら、古代から近世にかけて重要な史料がすべて活字化されているとは限らない。日の目を見ないで翻刻に値する史料が沢山存していると言ってもあながち過言ではあるまい。

そこで、編者は非力を省みず、かつ編者の観点という針の穴からという限定で、南都寺社の歴史的解明に必要な史料の掘り起こしを企図し、共有財産を目途し、その翻刻を決意したのである。おのずから常時編者一人の微力では無理なので、時には対象とする史料を選定して、その史料に関心のある同志に協力を求める方法も執ることにした。その都度「〇〇〇〇を読む会」を組織することとする。

逐年刊行を指標し、その第一弾として、法隆寺史にとって看過し得ない豊富な内容を含みながら、従来はほとんど等閑視されている南北朝期の「法隆寺記録」（大阪府立中之島図書館蔵）を、同志（「斑鳩を古文書で歩く会」の市民）を募って翻刻することとする。

そして、かかる遠大ながら拙い計画にご賛同いただいて出版を引き受けて下さった高野山親王院ご住職・堯榮文庫主 安田弘仁師には感謝の念で一杯である。そのご厚意に報いるためにも、最後まで目的を貫徹したい。

二〇一一年八月三一日

河野 昭昌

右を入稿して間もなくして、安田弘仁師はお亡くなりになった。われらは突然の衝撃に茫然自失の体となった。出版の心棒を失い、途方にくれた。改めて立ち上がるには二年弱を要し、『堯榮文庫研究紀要』を取扱雑誌とされていた岩田書院主 岩田博氏に本史料集のお願いに伺った。光栄にも同社の「史料選書」に受け入れていただき、感謝に堪えない。再度、初志貫徹で進まん。

二〇一三年八月三一日

河野 昭昌

南北朝期　法隆寺雑記　目次

内容要目

「法隆寺雑記」 （影）（翻）

項目	（影）	（翻）
上宮王院絵殿事	30	52
御舎利殿太子御影事	31	53
太子二歳御影事	31	53
御舎利堂事	32	53
上宮王院	35	59
聖霊会事	35	61
北室事	36	63
五所社事	36	63
金光院	36	63
天満社事	37	64
聖霊院事	37	64
綱封蔵事	38	67
中門二王事	39	70
金堂事	40	71
講堂事	40	73
御塔事	41	74
上堂事	41	75
惣社事	42	76
三経院事	42	76
西円堂事	43	78
西寺鐘落事	43	79
西寺手水屋事	44	80
冥符御社事	44	80
龍池事	44	80
龍田夷御事	44	80
追筆（天喜二年記注文）	45	82
追筆（源頼朝幡施入）	45	82

凡例

第一部「影印編」、第二部「翻刻編」とに分け、影印編では天理大学附属天理図書館所蔵「具注暦康安二年　写一軸」を使用した。

「翻刻編」は以下の凡例による。

一、原則として常用漢字を使用し、異体字は「新」「京」「帋」「井」「卉」など一部を除き常用漢字に改めた。

一、細字・分ち書きは、できるだけ原文に沿うように表記した。

一、原文の返り点は、そのまま「…慶政之仰…」のように記した。

一、適宜、読点（、）と並列点（・）を加えた。

一、虫喰い等で判読できない場合は、□とした。前後、転写本から推測・類推できる文字は□の横に（　）で表示した。

一、原文にある誤字修正（見せ消ち）・異筆朱書合点の表記は、次のように例示。

・「奘禅(舜)」　・異筆朱書合点「⌐」「＼」

一、明らかな誤字・当て字・脱字は、その横に（　）内ルビとして、次のように例示。

・誤字…「数菓(顆)」　・当て字…「…勝万会(鬘)…」　・脱字…「勝万会」(新脱)

一、編者における注記は、（　）で横に表示した。

・「近衛大殿(家実)」

一、解釈しがたい箇所には、（ママ）と横に表示した。

一、翻刻が一行に収まらないときは二行にし、次行末に「＼」を付した。

一、全体を二十五事項に分け、それを「要目」とし、頭注形式で記事の見出しとした。その一覧を「内容要目」とした。

一、紙背「法隆寺雑記」には、影印編・翻刻編に対応するページを下部に└00で示した。

第一部　影印編

9　表「康安二年具注暦」自暦序至六月月建

取りはずされた元表紙（表）

同（裏）

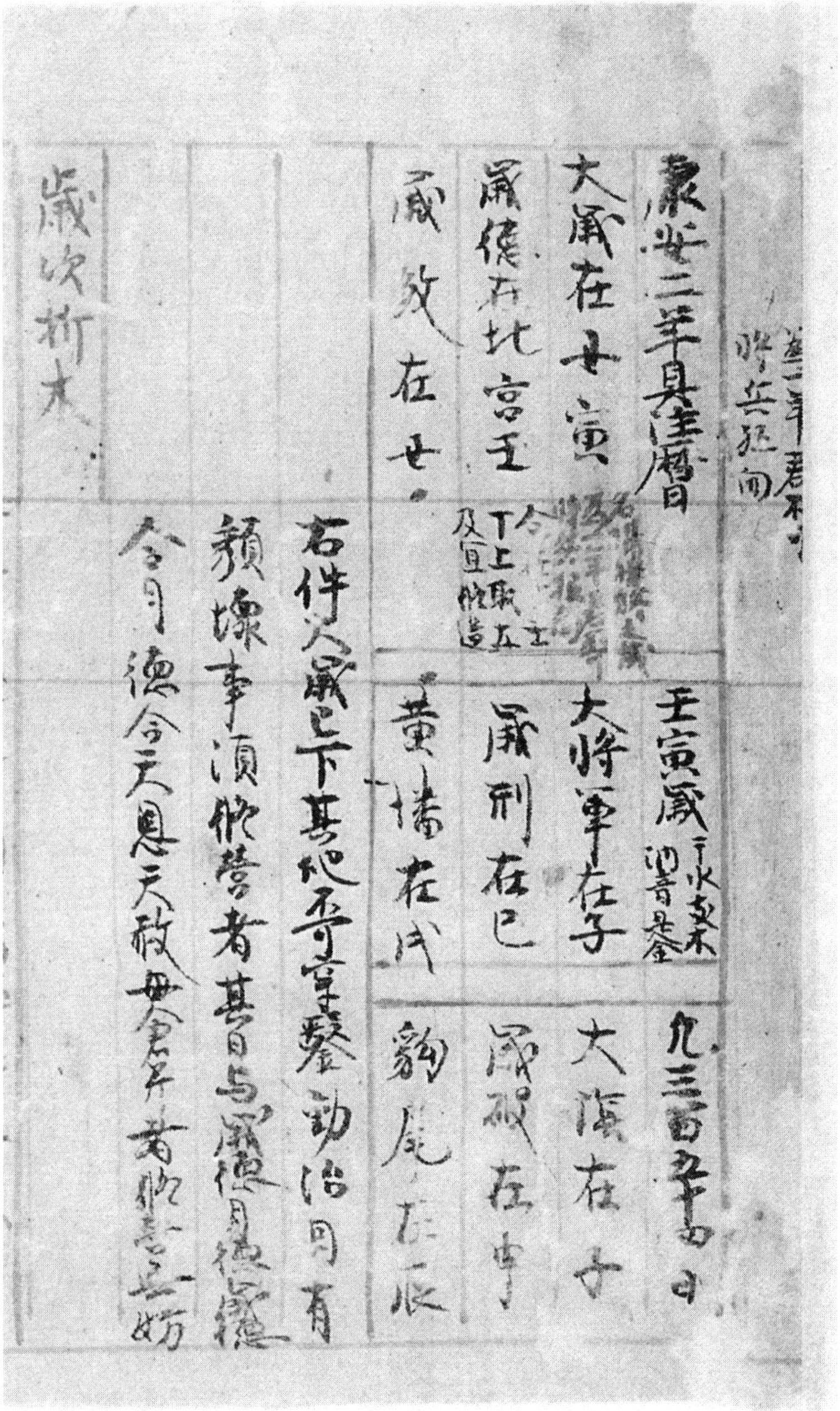

表「康安二年具注暦」自暦序至六月月建

13　表「康安二年具注暦」正月

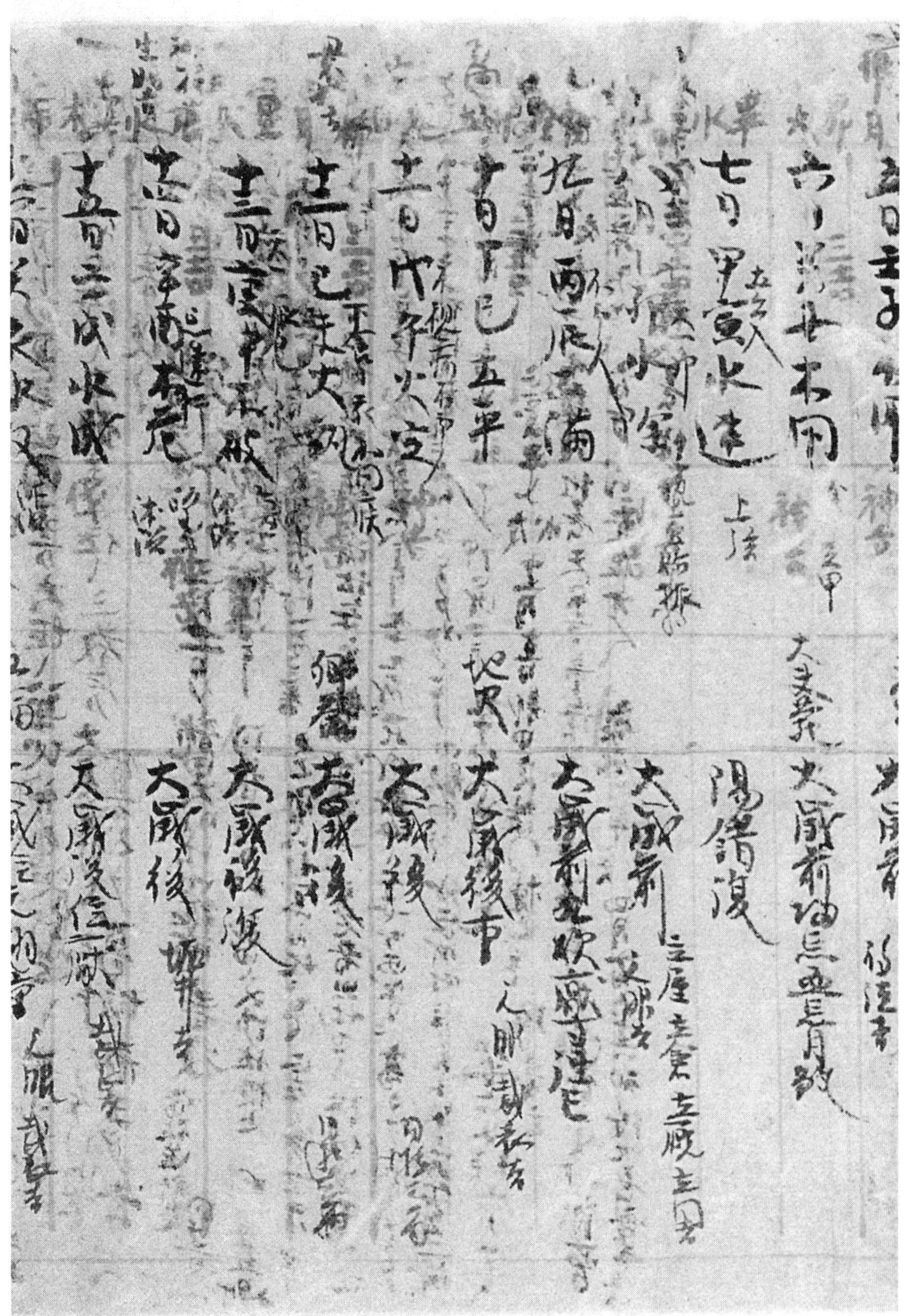

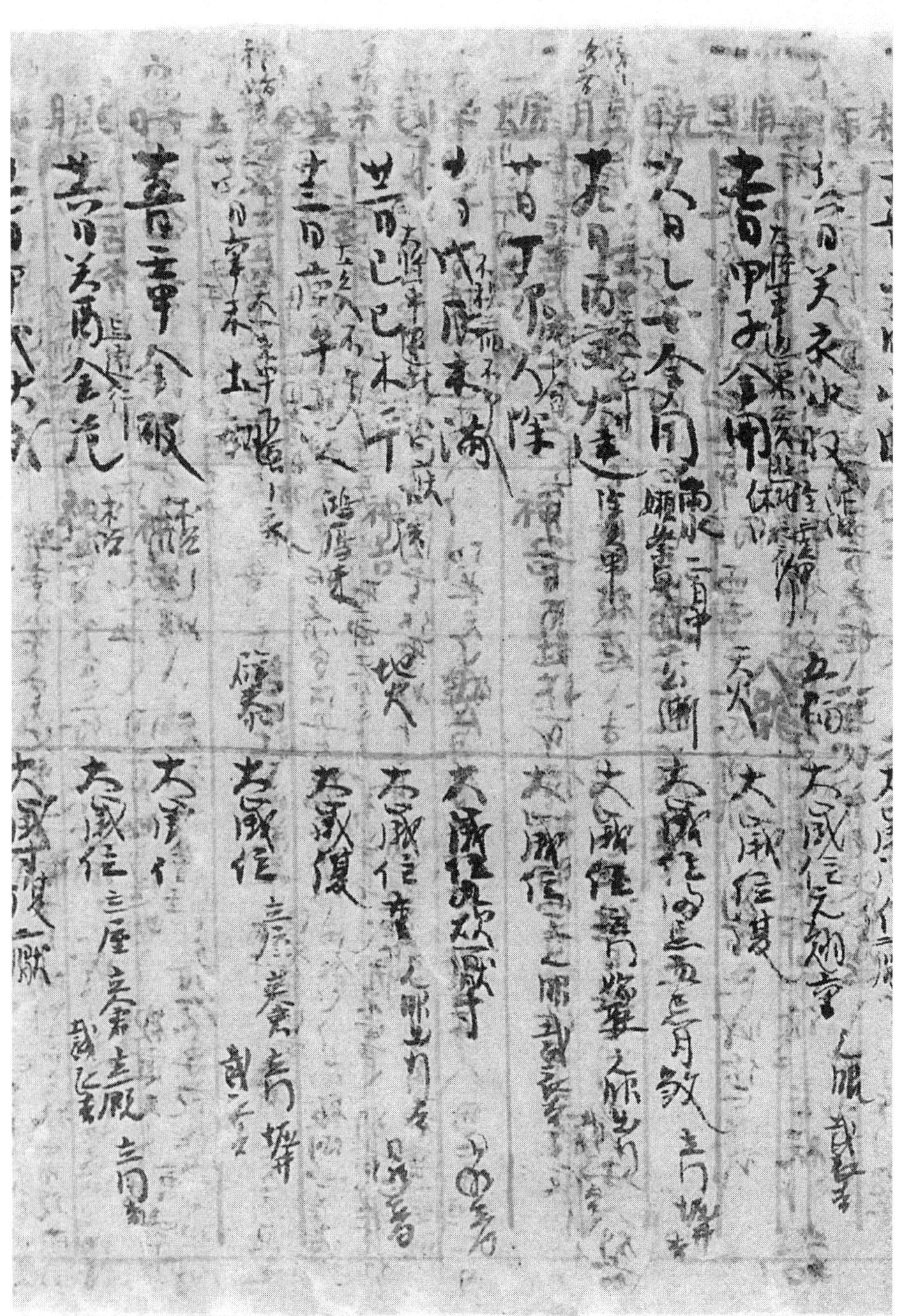

15　表「康安二年具注暦」二月

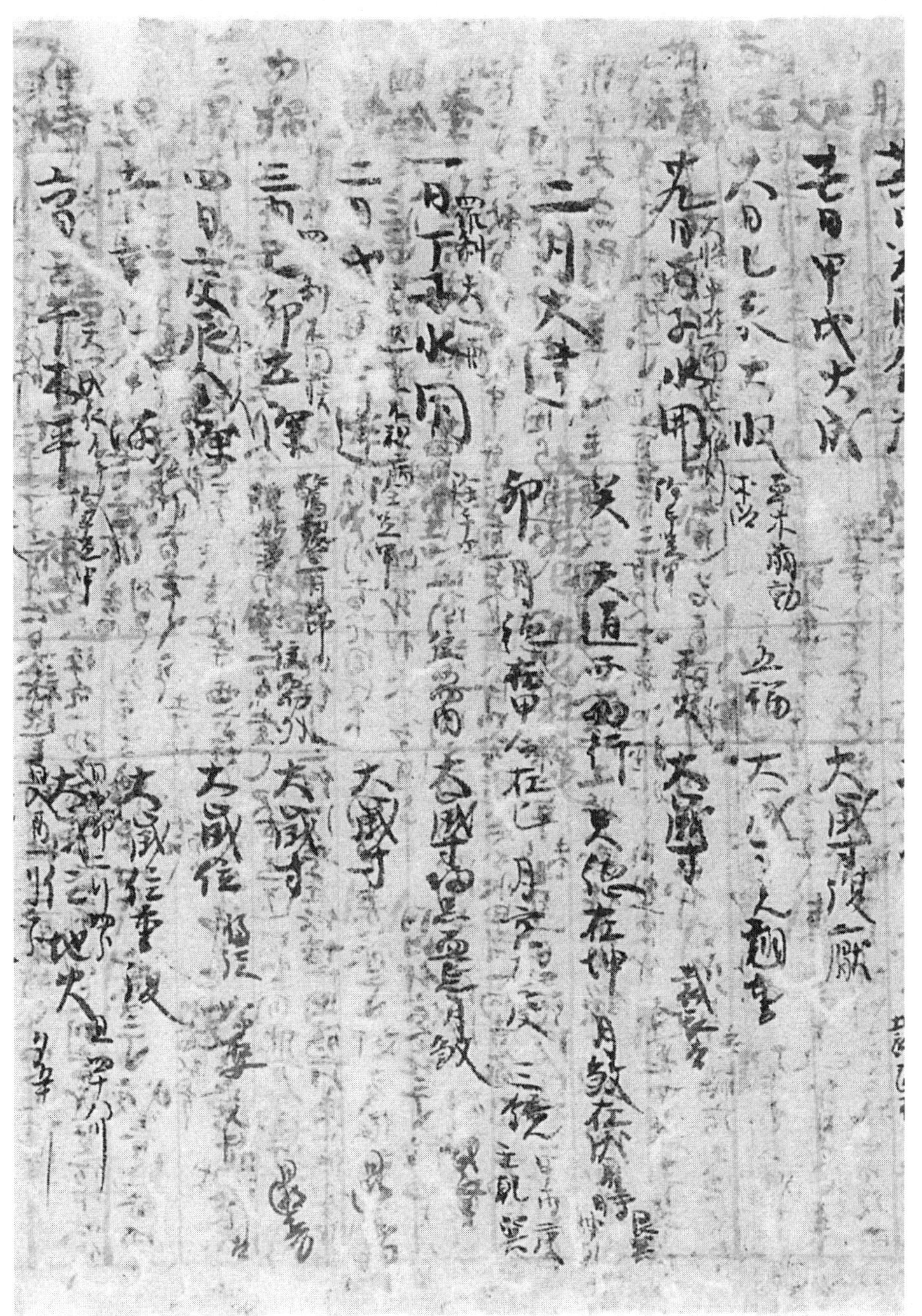

表「康安二年具注暦」二月

19　表「康安二年具注暦」三月

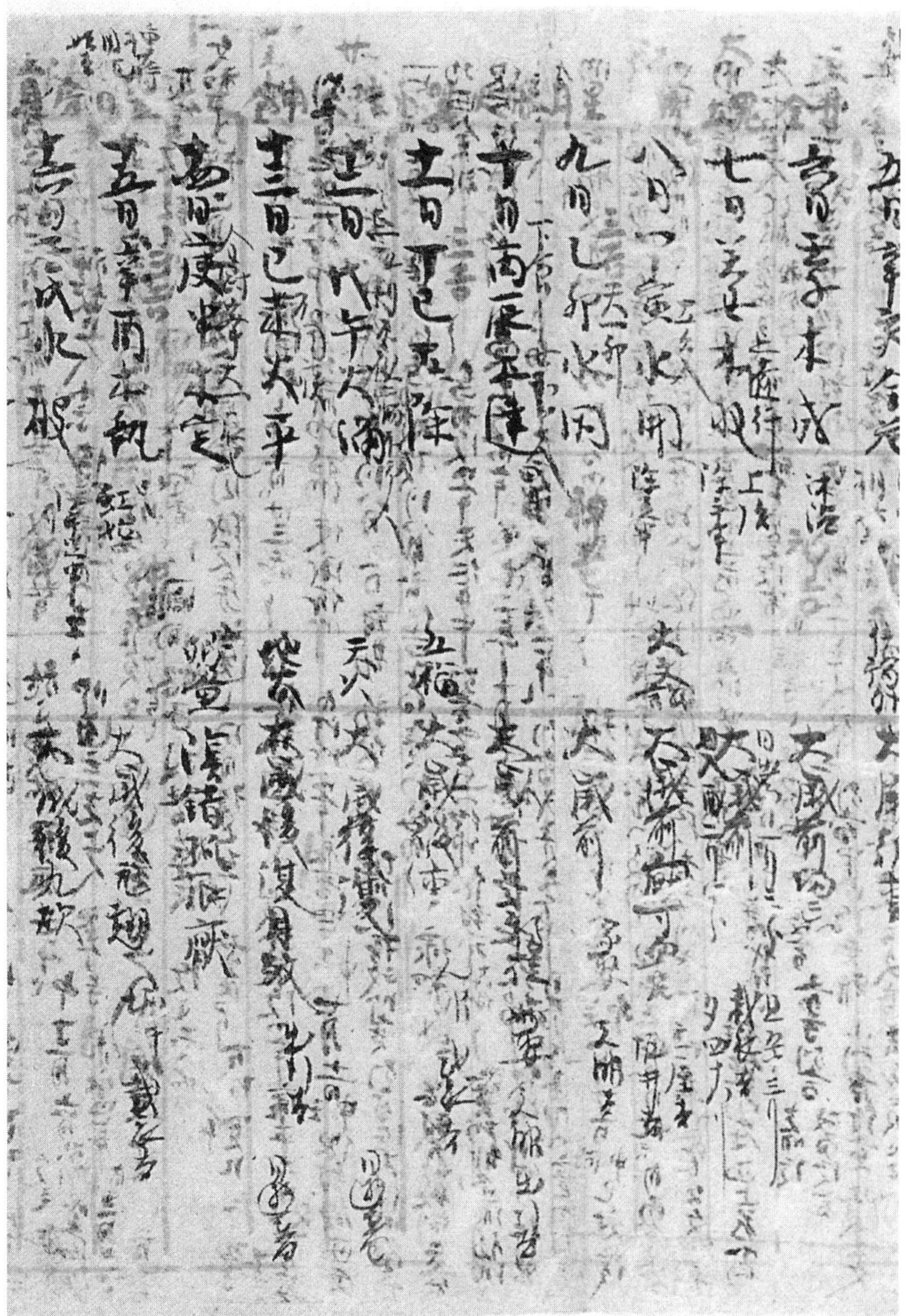

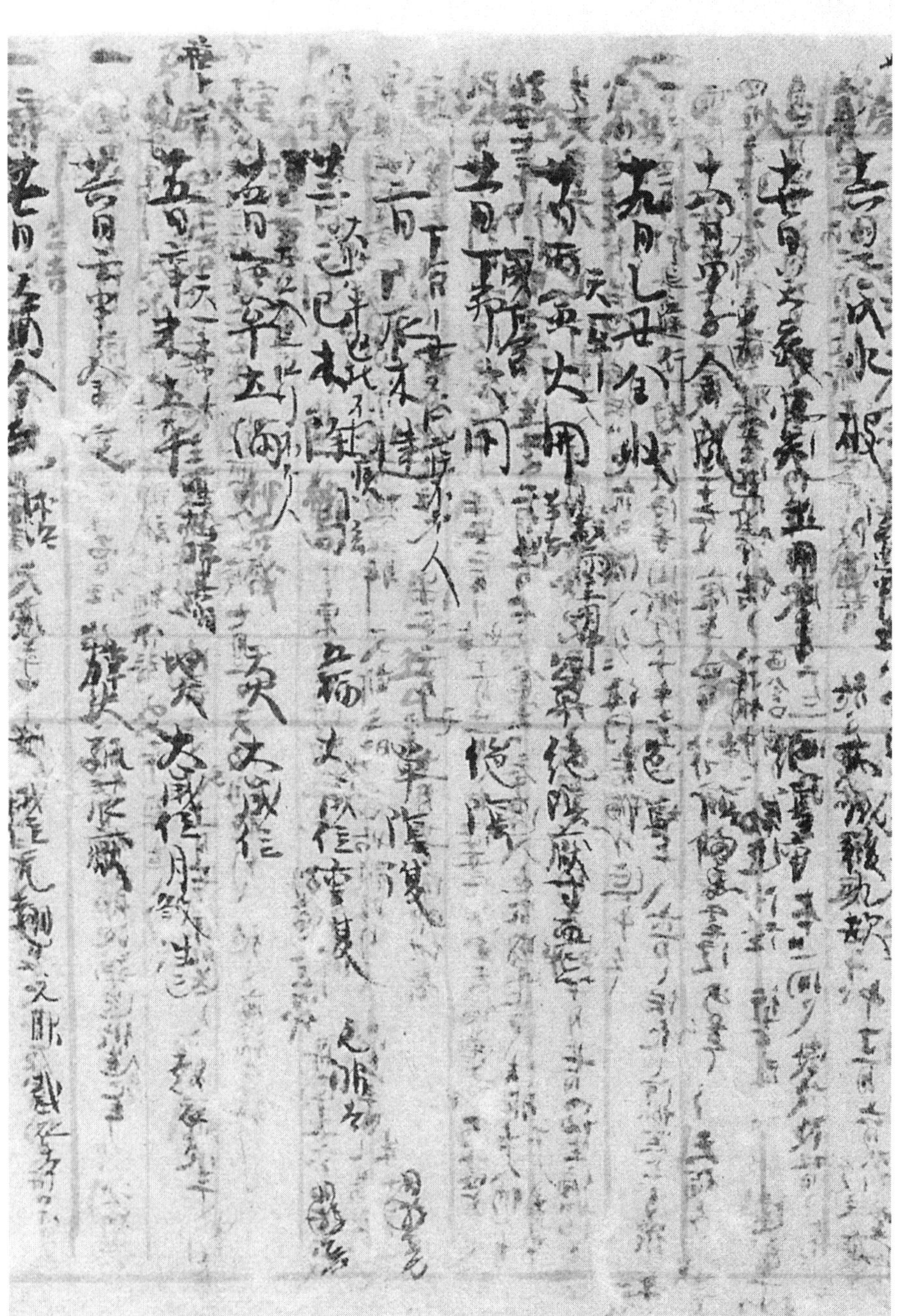

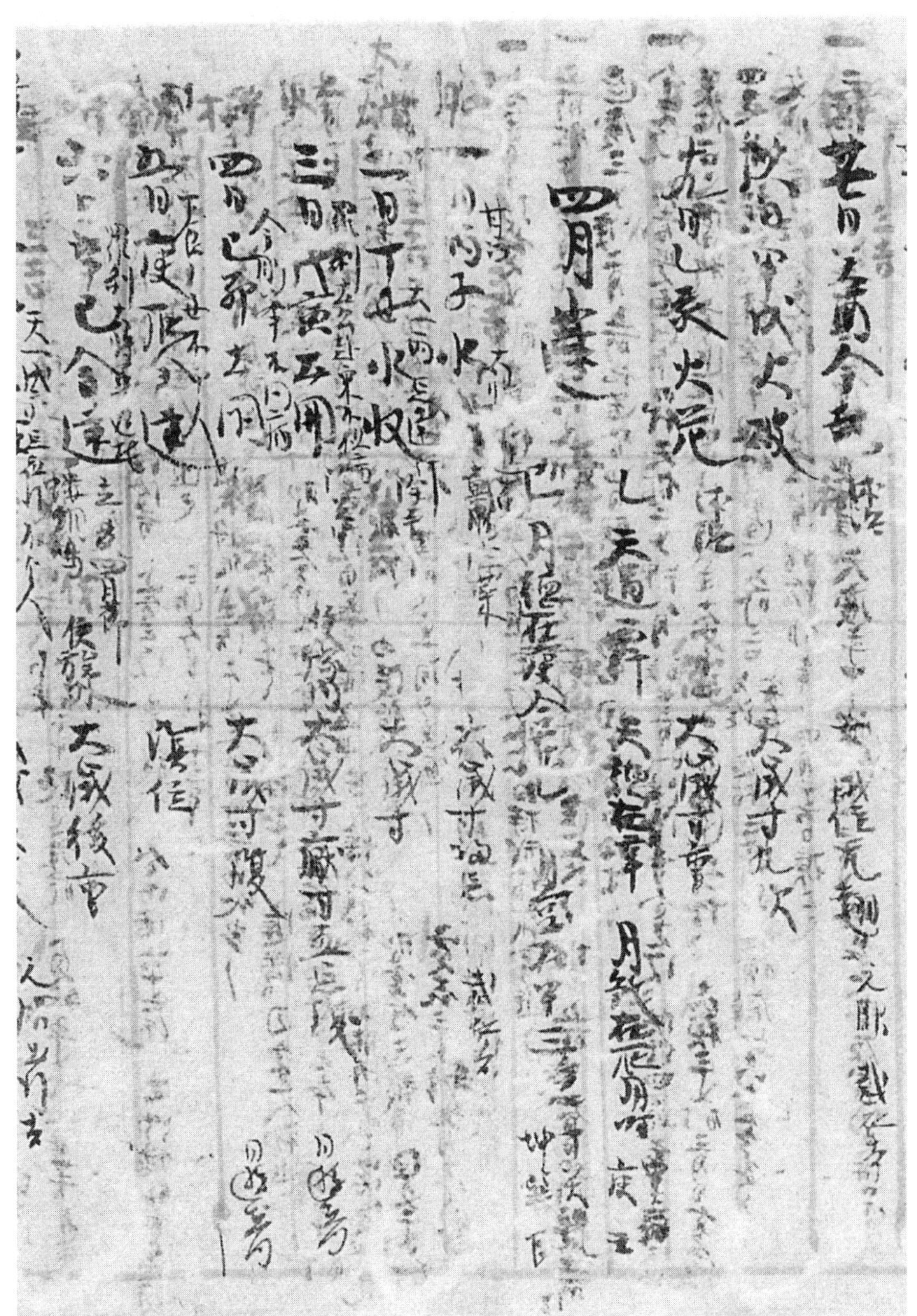

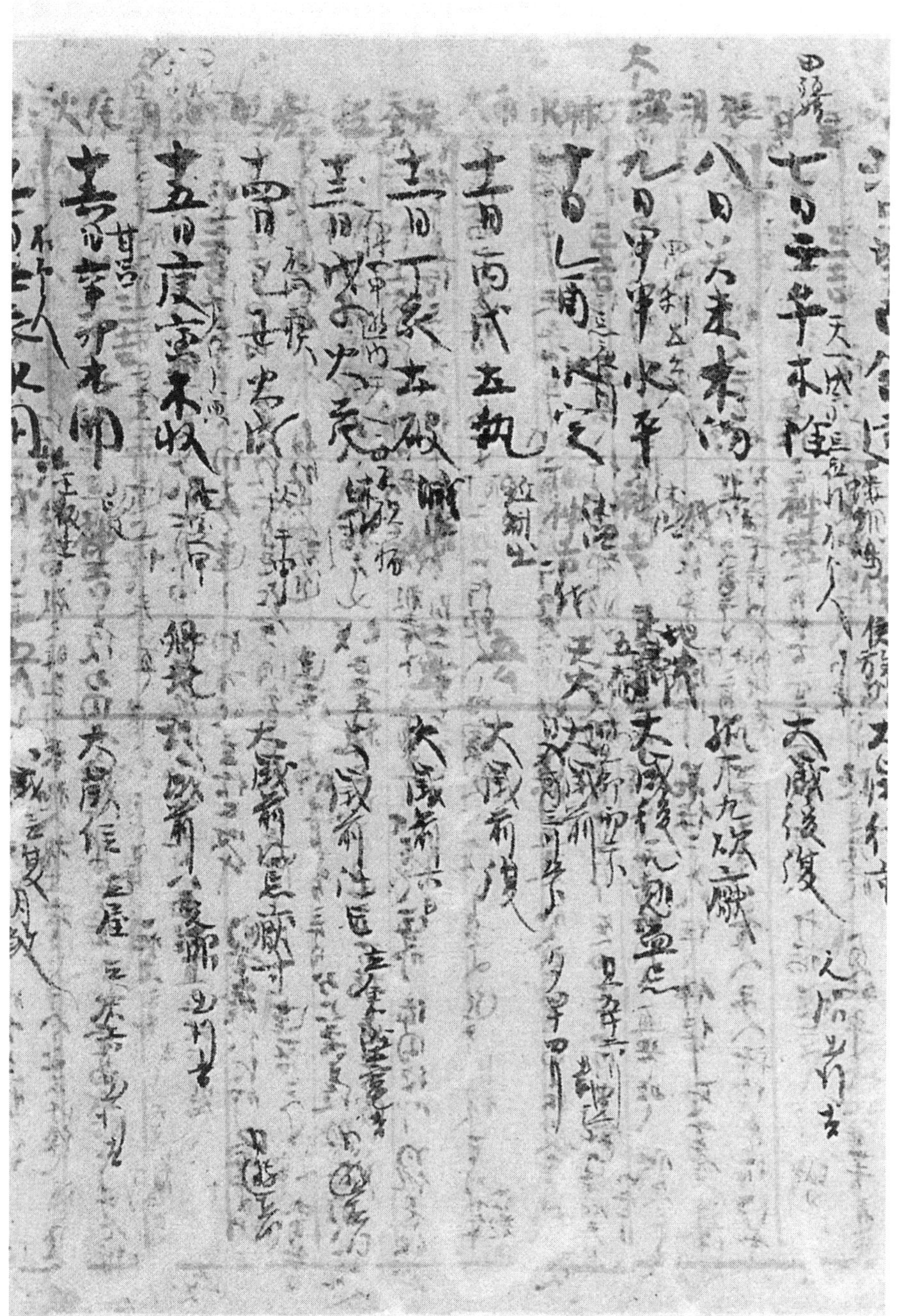

23　表「康安二年具注暦」四月

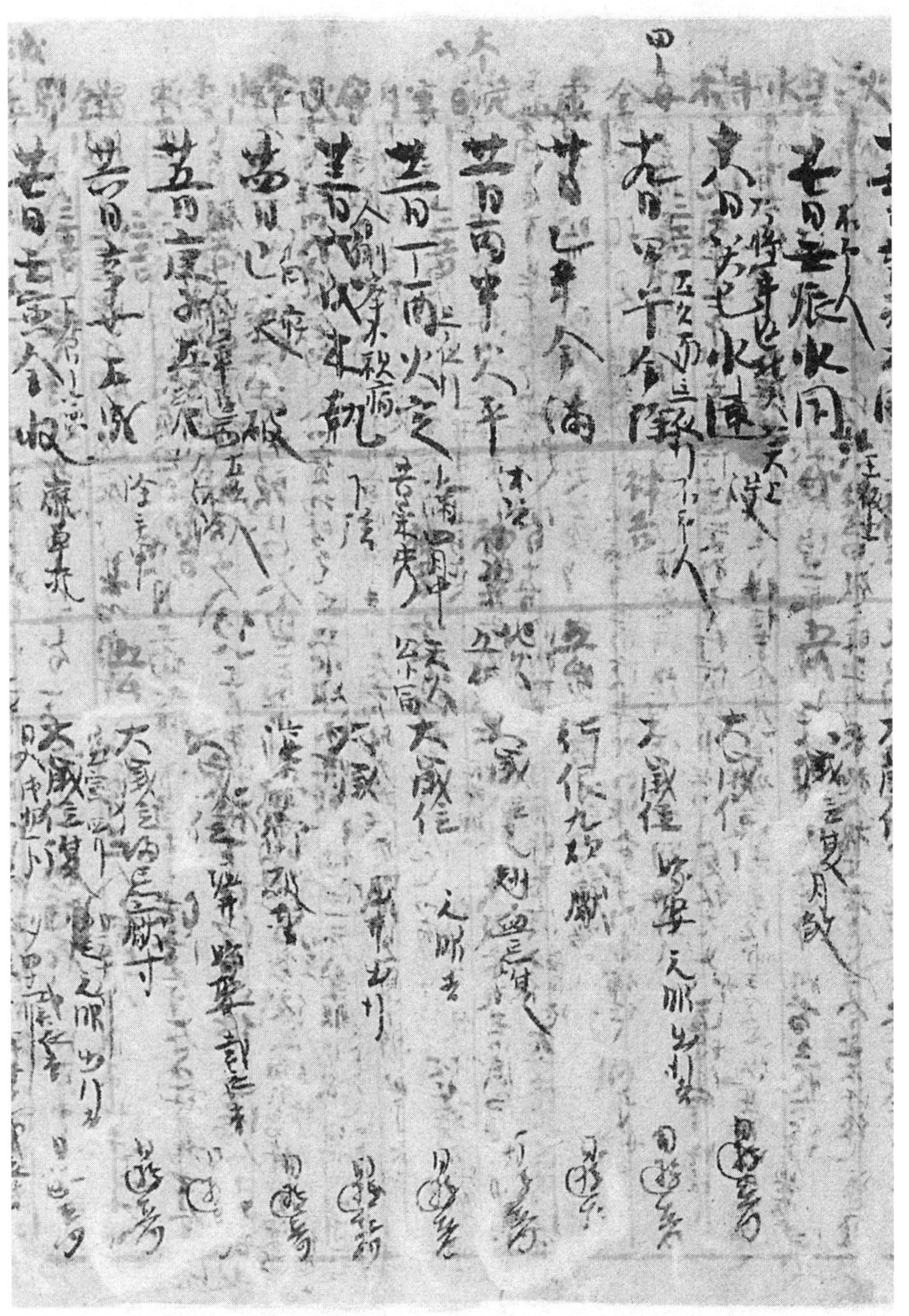

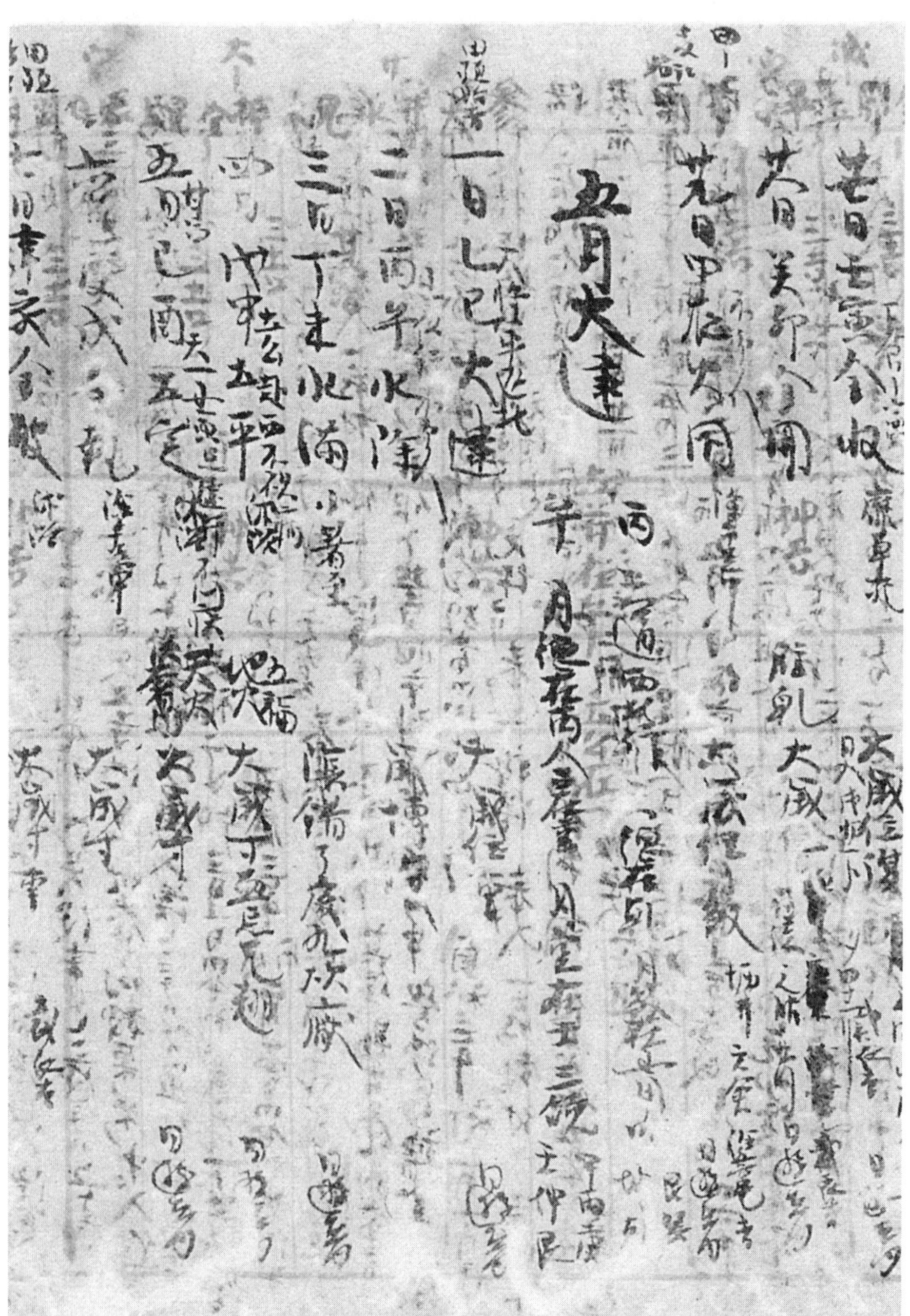

25　表「康安二年具注暦」五月

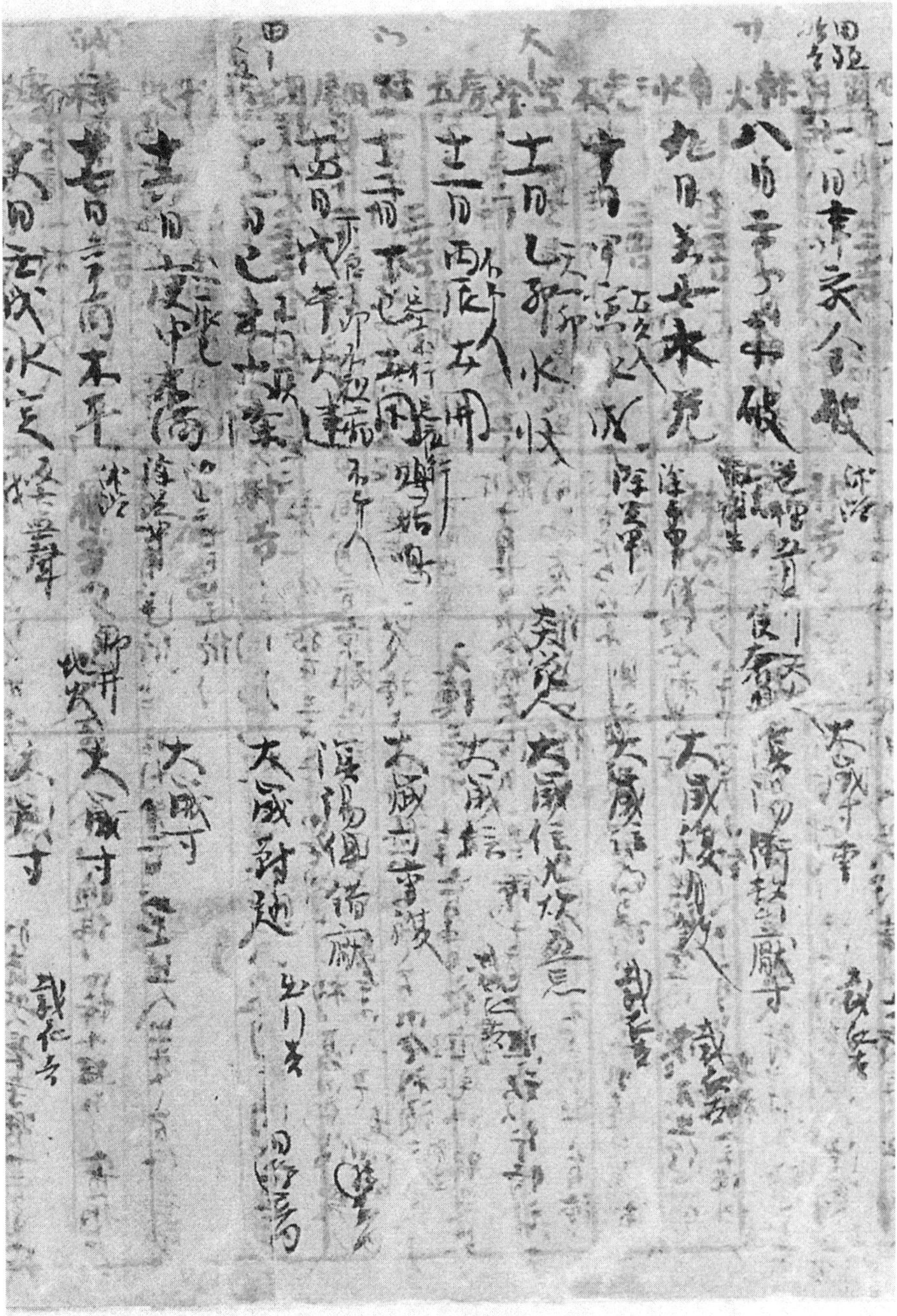

27　表「康安二年具注暦」六月

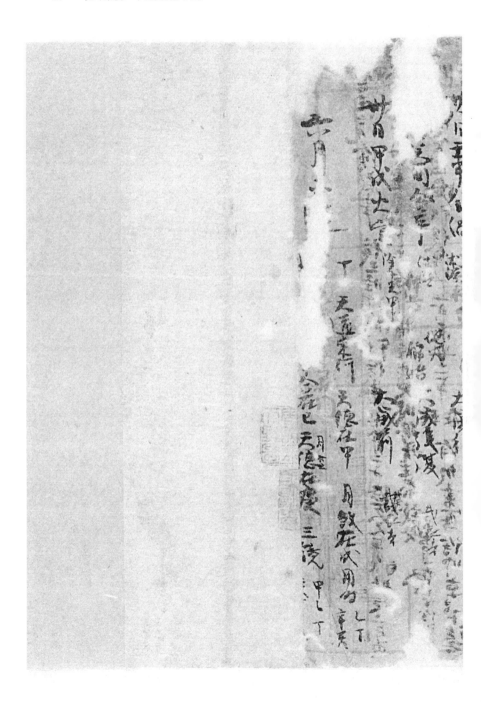

具注暦　康安二年

29　紙背「法隆寺雑記」

⌊52

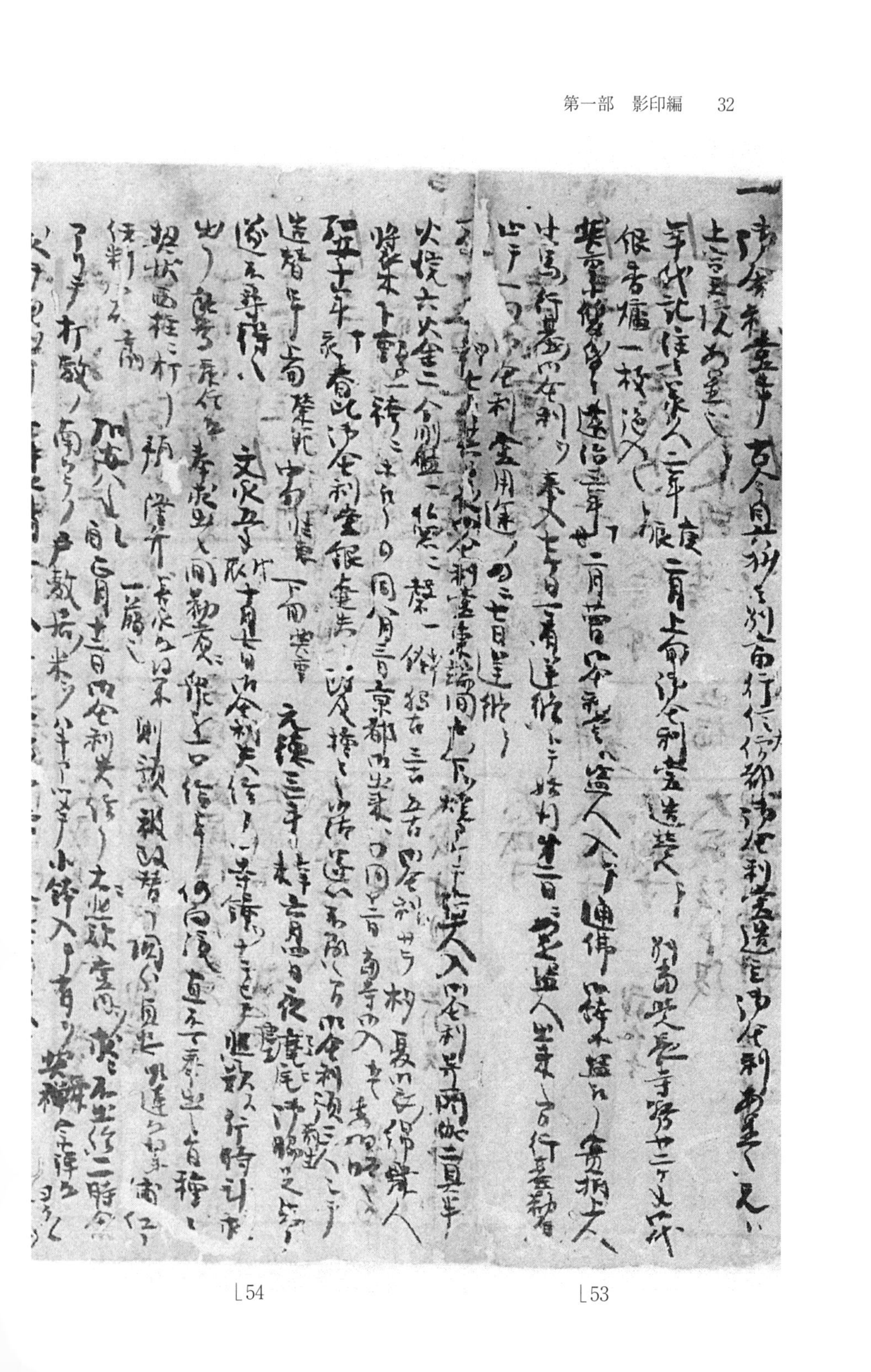

⌊54

⌊53

⌊56　⌊55

⌊58　　⌊57

⌊60　⌊59

⌊63　⌊62　⌊61

⌊65　　　　　　　　⌊64

⌊67　⌊66

⌊70　⌊69　⌊68

⌊72　⌊71

⌊73

⌊74

⌊77　⌊76　⌊75

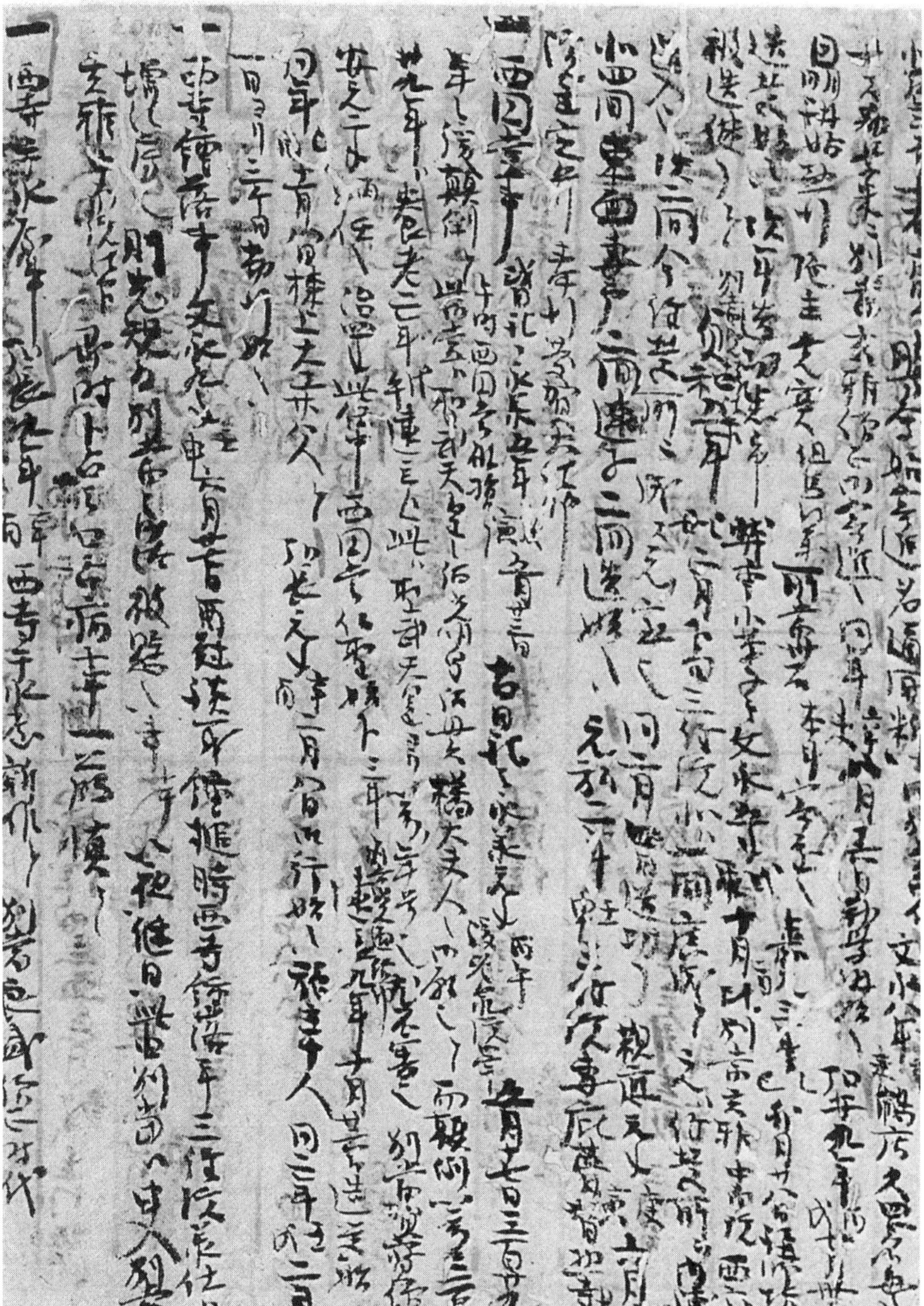

⌊79　⌊78

└81

└80

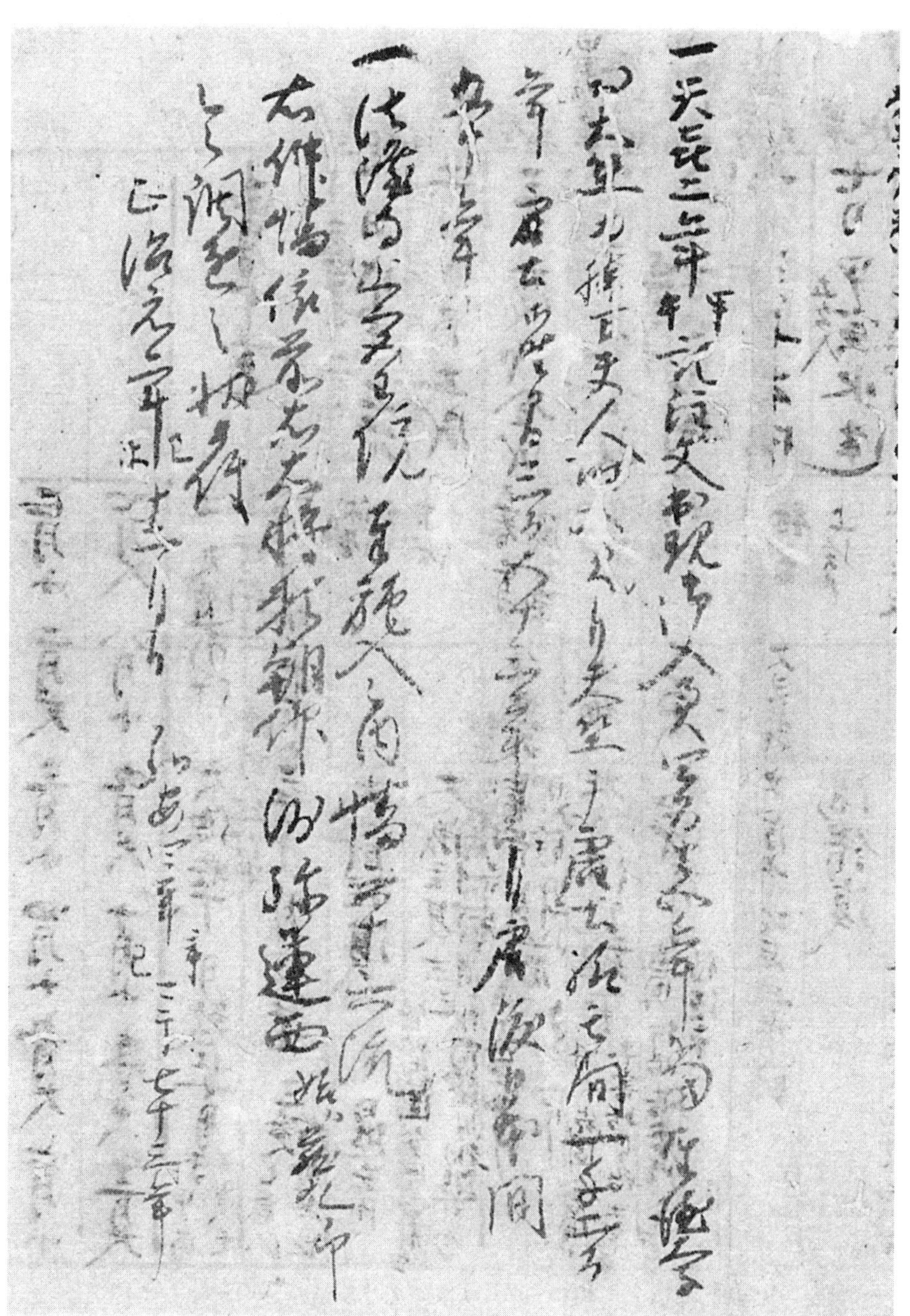

⌊82

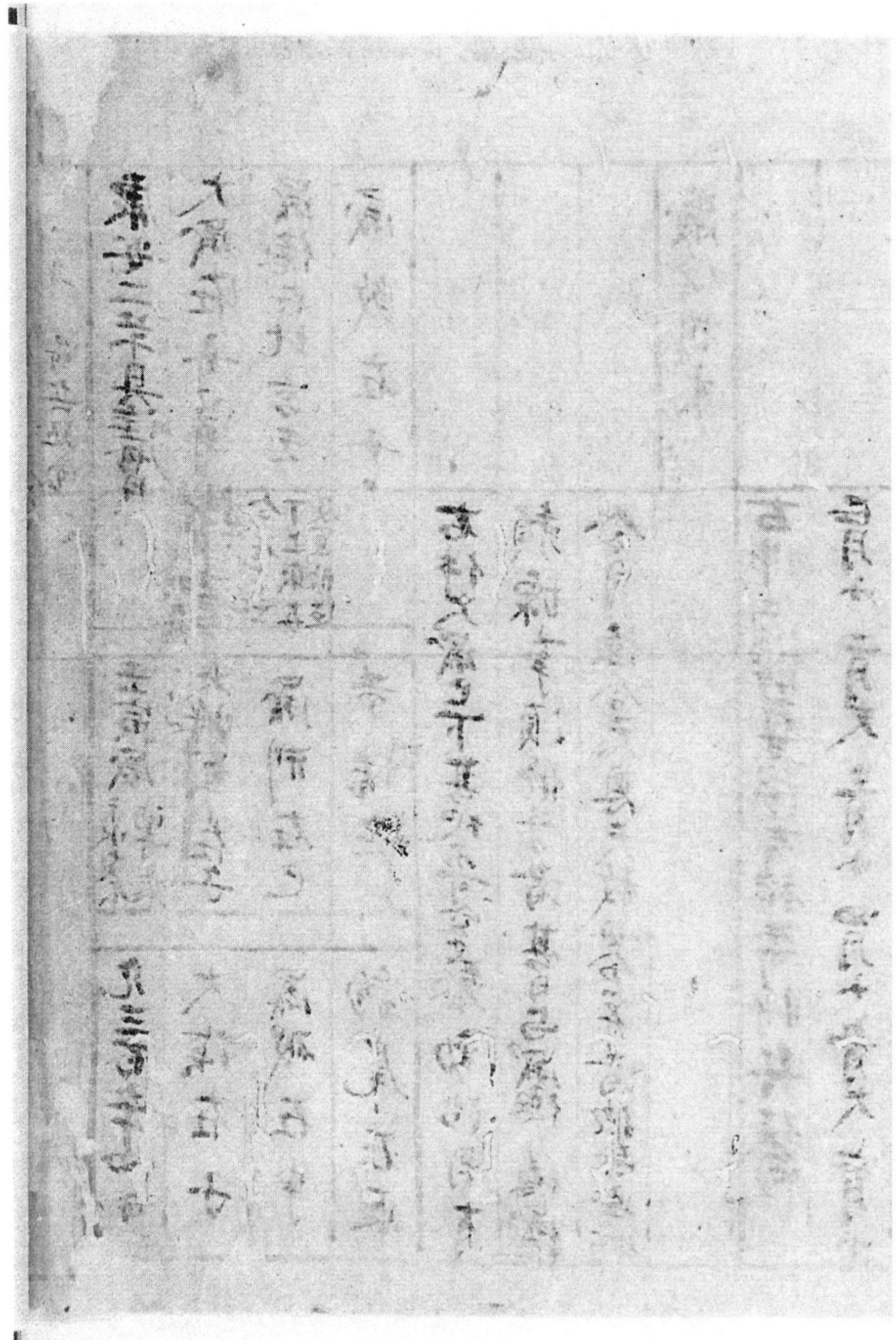

第二部　翻刻編

表「康安二年具注暦」自正月至五月　上部欄外

田事始吉　正月　四日
田事始吉　五日
田事始吉　十二日
（蚕食）□　十四日
生始吉
種下　十九日
始吉
種始吉　廿四日
糠取　二月十四日

種濡

種濡種蒔吉　三月　三日
種蒔　五日
種蒔　十五日
田殖
始吉
種下　廿五日
田殖始　四月　七日
田―　十九日
田―　廿九日
麦取
始蒔

田殖始吉　五月　一日
田殖　　　　　　七日
始吉
田―　　　　　　十五日
麦取
田―　　　　　　廿一日
麦取始
田殖　　　　　　廿七日
麦始

紙背「法隆寺雑記」

上宮王院絵殿事

（一、上）□宮王院絵殿事、後三条院（尊仁御宇）後朱雀院第二子、延久元年（己酉）始テ従二月ノ初一

東院□（絵殿改書写、）五月書畢、絵師ハ摂津国大波郷居住泰致真（秦歟）　又□（日、）

同六月十六日奉絵御殿□（了、）

又（日、高）□倉院（憲仁御宇）後白河第五子（七）、承安二年（壬辰）絵殿書写、絵師京ヨリ下陸路□（也、）

長寛二年（甲申）八月上宮王院絵殿戸三間改立之、本戸ハ一間也、

古今目六抄云、（已上印算本ノ年代記注也、）今此絵者始書之、但自二月至五月書也、即絵殿ノ始也（云々、已上）、

絵殿採色（彩、以下同）、暦応元（戊寅）夏絵師下向、播磨法橋実円（京人当寺大工也、）本絵ノ上ヲ採色了、

同二年（己卯）十月廿二日、絵殿供養在之、太子講式管弦講也、式師以下

律僧ノサタ、

暦（応四）□年（辛巳）卯月十日絵殿内陳ノ犬防ヲ始立之、大法師慶祐サタ、（御舎利以後也、）

（年）□代記注、

└30

延久元年己酉太子童子形御影奉造了、仏師信貴山住僧 円快浄如房、

御舎利殿太子御影事

一、御舎利殿太子御影事、此御影者尊智法眼、承久四年三月十一日奉図絵
也、押手名在之、
然破損之間、播広法橋実円為値遇結縁致懇志、所修複之也、建武五年戊寅五月廿八
日、

太子二歳御影事

一、太子二歳御影事、或人云、値アミタ仏被申之、東大寺知足院尊覚房作云々、

御舎利堂事

一、御舎利堂事、古今目六抄云、別当行信僧都[大]御舎利堂造立、御舎利安置之、元ハ
上宮王院安置也云々、
年代記注云、承久二年庚辰二月上旬、御舎利堂造営云々、別当覚長寺務廿二ヶ年御
代、
銀香炉一枝施入之云々、
奘重小雙帋云、建治三年丁丑二月廿四日、御舎利堂ヘ盗人入テ通仏・御鉢等盗取了、

⌊31

実相上人（円照）／

生馬ノ行基ノ御舎利ヲ奉入、七ケ日可有逆修トテ始行、第二日ニ如是盗人出来之間、

行基勧進／

止テ一向御舎利堂用途ノ為ニ七日逆修云々、

□（弘安七年）甲申七月廿六日夜、御舎利堂東端間戸ノ下ヲ焼アケテ盗人入、御舎利并閼

伽二具半、／

火埦六、火舎二、金剛盤一、仏器二、磬一、鈴レイ、独古、三古、五古、御舎利サラ、杓、

夏御衣ノ綿、舞人／

装束下重カサネ一、袴一等取了、○同八月三日京都御出来、○同十二日当寺御入在之、委

細略之、／

弘安十年丁亥春比、御舎利堂銀壷失□（了）、雖及種々之沙汰、遂以不顕之間、御舎利

預三人シテ／

造替畢、上旬栄範、中旬性恵、下旬奘重、元徳三年辛未六月四日夜、麈シユ尾ヒ御脇前生唐土足失了、

遂不尋得之、文永五年戊辰十月七日、御舎利失給了、一寺鐘ヲナラシテ悲嘆ス、

片時計求／
出了、良尊舜信房奉求出之間、勧賞ニ衆義一口給畢、仍向後直不可奉出之旨、
種々／
契状西柱ニ打了、預隆算善永房得業一﨟也、則預被改替了、闕分貞忠順蓮房得業補任了、
任新八石寺納、弘安八年乙酉正月十二日、御舎利失給了、大ニ悲歎、堂内ヲ求ニ、不
出給、二時余／
アリテ打敷ノ南ウラノ戸敷居ノ米ヲ、ハキアツメテ小鉢入テ有ヲ、奘禅舜宗禅房ヨク〳〵
求テ、求出了、即時水精塔ニ入奉ル、一﨟聖増・公文良玄両人封ヲ付了、預永遠ク
不可出之、若向後預封ヲ解キ、御塔ヲ奉リ出ハ可行重科云々、御舎利奉出人、隆
実春覚房五師、／
中旬ノ預ノ性恵舜円房得業代也、中古ヨリ当寺御舎利御失没事、今度マテハ五ケ度歟、
而ニ三度ハ見知之、上代□(事)不知之、一度ハ自天王寺御舎利供養之時、数菓(顆)ノ米ノ
中ニ入給、一度□(ハ)／
預ノ衣ノ縁ニ落入給、一度ハ預隆弁得業依老眼、御壷ヘ入落、今マテハ皆御出現也、

└32

向後末世□(ミ)ハ／
イカ、ト可慎事也、顕真小雙帋云、天福二年甲午三月一日御舎利ヲ奉落下坐時ノ
別当／
雖驚給付上下一更無煩一云々、預厳慶得業云々、暦応三年庚辰二月廿四日御舎利失給、
半／
時計シテ、机ノ下ノタ、ミノ上ニテ、盛尊尭春房奉求出了、預ハ賢盛宗識房五師御出現之
後、／
急水精塔ニ奉入、一臈封ヲ付畢、向後坪(壷、以下同)外ニ不奉出云々、其後勘古日記、別当ヨリ
預職可改替之由、度々雖被仰下、惣寺非重科之旨御返事申、然而御沙汰強々
之□(間宗)識／
房五師内々以所縁一任料半分計致沙汰、別当御沙汰ヲ止了云々、貞和三年丁亥□(十)一月
十日、御／
舎利水精塔始出来北室サタ、元ノ塔ハ小也、元ノ坪ヨリ奉テ出、新塔ニ奉テ入、一臈ノ封ヲ付了、
寺僧以下／

諸人参詣令拝見一了、貞和四年戊子五月四日、御舎利之銅ノ花台始出来了、
北室ノ沙□(汰、)寺辺□(勧)進、／
暦応二年己卯四月廿二日、唐物花立二瓶順盛延順房大寄進之、
暦応三年庚辰鵤庄内三清名始テ寄進、涅槃会管弦講始行、
顕真小雙帋云、嘉禎二年丙申五月八日、依京西山松尾勝月房慶政之仰一ニ御裏絹
為奉押、太子御草本法花義疏御上洛、但依有一路等之怖(頭)、四巻之内、先初・後
両巻奉渡一、／
其次ニ自殿下(道家)一始、女院・々々皆以拝見、此次ニ残二巻御上洛之時、梵網経相具
シ可奉上一殿下、／
内々上人ニ被仰一、依之雖難義一二巻之内下巻一巻奉上之、御随喜云々、同月十九日上
洛、九／
条殿下従一位藤原朝臣道家云々、其時自寺之使節三人、上臈一人顕真得業、衆中一
人□□(信遍)(法師、)／
禅衆一人幸禅法師、嘉禎四年戊戌八月上旬、六波羅将軍(頼経)法隆寺太子宝物可令□(上)洛

└33

月輪殿御参之次也、

給之旨、被仰西山慶政勝月上人、仍以上人書状被下法隆寺、依之上洛人々□(出)寺ノ評定三人也、以此仁□(為)舎利預ノ沙汰、令出立五師、融厳円珠房代顕真円永房得業 俊憲顕信房得業五師、幸舜栄信房□(法印)代信遍房、

即十一日癸丑御入洛、御舎利之外、御宝物皆具也、恐水難ニ不乗船、但渉一度乗船、湯岳上渡也、宿所法性寺一橋北東頬唐門内、

於法性寺殿(道家)、九条禅定殿下・准后(綸子)・宮将軍頼経・左大臣殿・左大将殿御拝見、自申時ニ至于亥時、

可有御布施之由、有仰ニ、無布施云々、

次日十三日、六条泉楊門院(宣陽)、御布施綾生絹二両、一朽葉、一ハ女郎花也、次北白河女院(陳子)、持明院也(基家)、御布施生絹、綾浮文一領、

次岳崎殿(岡)脩明門院御布施蒔絵経□(箱)、(二)□合、

次日十四日、依近衛大殿(家実)之仰ニ、猪熊御所奉渡、即近衛当殿下(兼経)ニ参、儀式誠以巍々厳□(々)、大殿・当殿共御感、而□(法隆寺)面々可勤学問之由、有 長者宣ニ云々、御布施錦四丈、次日十五日修理権大夫時房許奉渡、入夜無布施、

上宮王院

左京権大夫安（泰）時依神□（事）
不拝見一云々、次日十六日御下向、道間更無煩一云々、下向ハ湯岳渡、上下向皆東路也、
御舎利堂日記ヲ見ニ云、治承四年庚子興福寺西南院恵範法眼、当寺別当補任之、同
五年辛丑四月□（自）一日、
尽未来際長日御舎利講、当寺西南院禅覚五師預時、三部大乗副講始之云々、
一、上宮王院、天平十一年己卯上宮王院造営、別当行信大僧都興行之、貞観元年己卯道詮律
師修造之、
別当仁階大徳東大寺正暦元年庚寅任之、件任中舎弟以定好已講、上宮王院補任院主一、
従其時次第相伝之、
但別当経尋法印時代、天仁二年己丑任之、治廿一年、件任中別院主停止云々、別当
公範大僧都興福寺延久
二年庚戌任之、件任中上宮王院始以私庄田被三昧懃行、奉施入楊生庄者也、于今
至不断絶也、後三条院
御代也云々、治安三年（ママ）癸丑別当延幹上宮王院為円堂修造、被申下栄爵也、正高成給

⌊34

之了、即令修造[　　](畢云々、)／

承保三年丙辰正月十三日正堂大師達上壇ニ奉置之、昔ハ壇下ニ御坐キ、永久三年乙未上宮王院修二月□(御)行／

花餅免田寄進之、永万元年乙酉七月下旬之比夢殿修造、八月九日八面柱直立、此框懸之、(建久四)[　　]年癸丑／

四月七日始上宮王院天井造之、同十九日造了、別当範玄僧正時代、別当慶信(信慶)律師、久安四年戊辰任之、／

治七年、此初任御下向之時、上宮王院六月蓮花会酒免田三段御寄附了、建暦元年辛未九月六日／

上宮王院尺迦念仏始之、解脱上人勧進、建暦二年甲戌十一月□(廿)九日、三个日於上宮王院勝万会始之、丁(聴)衆十八、／

建保二年甲戌勝万会竪義始之、天福元年癸巳正堂棟上、同三月四方石橋造営渡之云々、／

天福二年甲午上宮王院西浦御影、従京被奉下、十一月十八日供養之導師璋円律師、

同供養法ニ寄／

進、仏供并毎僧三斗六升供米已畢云々、顕真小草子在之、

上宮王院西戸造替、延文二年丁酉二月御行頭人之内慶覚順定房十貫文進テ修復、奉

行北室禅観上人、／

聖霊会事

一、聖霊会事、天平廿年戊子二月廿一日行信大僧都始之、道(導)師道慈、聖武天皇・皇后(光明)御

入寺、□(貞)観／

元年己卯道詮律師再興之、行信僧都始行之、後相当百十二年(ママ)、免田七丁四段申

寄、清和天皇御宇、／

此内三丁四段ハ会料、四丁寺修造料云々、貞観三年辛巳二月廿二日始行之、再興之

始也、永久三年乙未／

二月廿二日埦飯免田五段寄之、別当能算大威(儀脱)師、承保二年乙卯任之、件任中聖霊

会二ヶ度被／

供養之也云々、保元二年丁丑或説云、久寿三年丙子三月廿九日、於大講堂前御舎利供養云々、天王寺ヨリ舞人・楽人・諸

僧参詣、御舎利／

供養舞楽在之、別当覚長法橋、　応保三年癸未二月廿二日聖霊会新（靳カ）舞台打橋造営之云々、或日□（記云、

□（正和）／

三年甲寅舞人・楽人禄物新寄進新田六段、分米十石下斗、施主舜範、貞和五年己丑二月廿二

日色衆・／

役人之布施物寄進之、　施主尼法念、

大将殿（頼朝）施入之幡銘文云、法隆寺　上宮王院　奉施入　合御幡六十六流、　右御幡

依前右大将／

源（朝脱）臣頼朝仰、沙弥蓮西令調進也、　正治元年己未十二月　日、

但大将殿ハ正治元年正月十三日御他界云々、

以此幡銘文、院代良観上人於関東勧進也、今幡是也、庭幡ハ円覚上人勧進也、

顕真得業小草子云、嘉禎三年丁酉聖霊会師（獅）子装束令修補、以興福寺装束為本了、

同年丁酉／

二月十七日自西松尾勝月上人、上宮王院白蓋并幡蓋具并花幡（鬘）八枚被下了、為勝月

上人之沙汰、後堀（川）□院／

并殿下左大臣教実両人ノ御衣ヲ以テ被綴一了、為没後追善也云々、聖霊会三鼓事、
延文二年丁酉
六月日新造之、作者頼盛宗禅房五十六、目安住人、薬師寺黒筒ヲ造写云々、寛喜三年辛卯九月
十八日礼堂□（木）
作始、同十□（月）廿二日棟上、但南北三尺、東西三尺五寸広之、別当範円僧正任中
也、

北室事
一、北室事、弘長元年辛酉十一月依円照（実相）上人勧進、東院北室為持戒僧被寄進了、

五所社事
一、五所社事、古日記云、建保六年戊寅秋比、東院五所之宝殿造営云々、□（或云、）五所者春日
四所、住吉一所云々、
延慶三年庚戌二月五所社造替、四日朝寅時御出、同十二日御帰坐了、

金光院
一、金光院、別当覚遍法印御代、天福二年甲午八月癸酉廿三日己丑、法隆寺金光院ニ供僧四口
始置之、三昧三口・
承仕一口也、供田新寄進、水田四段了、大願主大中臣四子并勧進覚増云々、嘉禎
三年丁酉三月日、金光院

四足并築地始建造畢、但件用途ハ五師三口公詮実増 良祐任斯并任補、広皆(ヒロケ)(ママ)以令寄進
了、／
文永九年壬申金光院ニ太子堂并僧坊作畢、四月十六日棟上也、
一、天満社事、別当湛照僧都興福寺、天慶年中ノ補□(任、)治十二ヶ年、此長吏菅原氏、仍天満
御霊会／
始祭給也云々、
一、別当定真大僧都康和三年辛巳正月十四日任、治十ヶ年、彼任中猪那部池築造、修造已
畢云々、次ノ別当
経尋律師天承元年辛亥猪那部池樋作替、又如本築造之云々、
一、元亨四年甲子御社造替、施主慶祐専順房、建武二年乙亥十一月廿七日拝殿造了、慶祐
庚永三年甲申七月／
十九日、如法経道場菴室造、観応元年庚寅七月一日天満講(問脱)施行之、施主慶祐大法
師、／

└36

○聖霊院事

「別当経尋天仁二年己丑任之、治廿一年、件任中東室大坊新造立之、別当定真時代悉顛倒、即南妻
室為堂殿、／
被安置聖霊御影像并仕者惣五躰、又新三昧六口始被始行之、永久三年乙未鳥羽院御宇、
聖／
霊院造立畢云々、或年代記注之、保安二年辛丑十一月廿一日開眼供養、
顕真日記云、新聖霊院始造事、保安二年辛丑十一月廿一日也、自保安二年至天福二
年甲午百十四年也、／
弘安七年甲申依聖霊院造営、二月十一日太子ヲ食堂ヘ奉遷入、色衆成業上廿人、法
服上十人衲ケサ下十人青甲、／
先天童二人、玉幡、行事二人平ケサ、寺僧・児・裹頭之大衆也、同年甲申十月廿七日御
帰坐、偏如御遷坐、／
式伽陀左右ニ御供物之伝供ハ色衆被渡之、夕ニ講問・番論義・延年在之、
「一、万寿四年丁卯在之九月六日午尅、於法隆寺円城院千手堂、空智上人六万之供花之阿伽
器ノ上ニ多羅葉(たらよう)一枚／

雨落了、心経梵本也、其後経三十六年、康平四年辛丑歳新聖霊院安置之云々、天福元年癸巳十二月／四日未時於食堂之前、聖霊院内鐘鋳了、以残銅中門西金口鋳了、勧進隆詮　行事顕□(真)云々、建武二年乙亥／自三月四日至同五月、聖霊院内陳御殿妻戸三間改立之、本ハ一間也、敷板改替了、本ノハ悪、／

建武三年丙子三月小経蔵木瓦葺改造替、施主慶祐、暦応二年己卯十二月六日、於聖院主慶賀

霊院／

実乗円信房禅観上人北室伝授灌頂在之、師匠玄光上人岡本寺、庚永四年乙酉三月十二日、於聖霊院定順房・円順房・浄禅房三人灌頂在之、師匠玄光上人、暦応二(三)年庚辰□(三)月廿一日／

聖霊院御影供始之、同四年辛巳聖霊院闌間格子改替造営、院主慶祐サタ、

└37

綱封蔵事

一、文和三年甲午二月一日東室厨舎円城院房新造之、同日棟上在之、奈良ヨリ古坊ヲ買取、之ハ惣寺サタ也、
一、綱封蔵事、蔵開代々事、昔ハ卅三蔵云々、今ハ綱封蔵一残也、後冷泉院御宇康平二年己亥六月廿五日
別当長照大僧都綱封蔵物移納、使威儀師、白河院御宇承暦四年庚申七月十一日壬申綱封蔵西面
悉落地、別当大威儀師能算同八月三日封勘、勅使下云々、堀川院摂政師実、別当延真律師、永長
一年丙子七月廿四日綱封蔵西浦破損、同八月二日綱所下向、宝物移納云々、康和元年己卯綱封蔵顛倒、其宝
物西倉被取納畢云々、鳥羽院御宇天仁年中別当定真大僧都、綱封蔵顛倒了、宝物雙ノ蔵移納了、
綱所使威儀師、高倉院御宇承安二年十月廿七日別当覚長大僧都、使威儀師行勝、

鎰取二人、綱掌一人下向云々、中院御時、元久二年乙丑別当成宝大僧都、自南蔵北蔵へ宝物悉移／

納了、無　勅使并綱所等、只別当御封計在之云々、（後嵯峨）邦仁天皇 寛元元年癸卯八月廿

三日丙申巳尅、後／

（道家）法性寺禅定殿下、当寺御参詣之次令蔵開了、此時自北蔵南蔵へ移納了、但顕真

得業日記ニハ自南倉一北倉へ／

御宝物渡、御覧了云々、同日記云、御宝物以中綱・仕丁被渡宝光院へ、当寺別当蔵

ニ御ス、平袈裟、公文明算寺主／

同平袈裟、在庁実玄同平袈裟、東坐北上臈西向、（座脱）五師四人良祐・実祐・覚増・玄詮、年会代顕真、椎

鈍、南坐西上臈北向／

座、中綱二人法服、宝物日記粗別爲在之、禅定殿下宝光院宿、興福寺々家（円実）御下向、御息也、松立院宿、当

寺別当（覚遍）光明院政南院宿、／

文永十一年甲戌正月廿日夜、綱封蔵へ盗人入ル、則五十貫文ヲ放了、別当中南院玄

雅、小別当経寛大夫得業、公文／

└38

良□(重)寺□(主)、別当ヨリ小別当経寛ヲ被下□、廿二日失物更見、小別当経寛・公文璋
玄・俊厳已上四人、円鏡三面・／
丁子一瓶子・入子鉢一具十五・龍納香、自余不知其数云々、＼同二月十三日盗人実賢□舜房
搦出了、搦手箸尾／
右衛門尉・春迦殿両人也、解文銭ハ春迦殿廿五貫文取之了、一方ハ都不被取之也、
贓物悉尋出了、八葉鏡ハ／
与楽寺ノ観音堂蔵ヨリ取之ヿ、入子鉢十一・鏡三面・蓋二・沈香・瓔珞具等、処々
ヨリ或送之ヿ、或尋出、鏡一面ハ六ニ打破、／
仏鉢一・鏡一面・蓋一、箸尾右馬入道門唐居敷ニ捨之云々、＼徳治三年戊申十一月十六
日別当西南院実聡法印／
(蔵脱)綱封破損之間、為令修理開之給、三綱ニ在庁法橋良玄、公文寺主覚実、五師快
厳・尭範・奘盛・□(慶)賀、成業／
□(定朝)・慶玄、皆鈍色五帖、別当北戸南向、小別当西向、僧綱二人、児二人、同西向、学
頭西脇東向、寺僧ハ皆蔵内へ／

入、御宝物ヲハ唐櫃蓋ニ入テ、中綱懸テ持テ別当ノ前ヘ出ヌ殊勝々々云々、見物衆皆裏頭也、修理之料足ハ／当寺宿老以下僧綱ニ申成テ、以其任料用途修造了、

中門二王事

一、中門二王事、永久三年乙未三月廿七日夜、中門金口盗人取了、件金口ハ非近代之物、往古奇妙声第一之宝財也云々、／天福元年癸巳十二月四日西間金口新鋳立了、永暦二年辛巳自八月十一日中門修造、新院已講之沙汰也、／文治二年丙午春比二王綵（彩、以下同）色、仏師元興寺アチマメノ二郎房云々、別当覚遍法印（恵範法眼）御代、天福二年甲午／九月日、中門之金剛力士奉塗之畢、漆寺納定参斗入了、依顕真勧進漆被下者也、願主比丘尼性恵、勧進／比丘尼十忍、行事覚増・聖厳・定栄、延応元年己亥延応元年自四（五カ）月一日、二王綵色仏師南都絵師と当寺大工也、／文保二年戊午夏比二王綵色、絵師南都太輔公当寺大工也、元亨元年辛酉五月五日、中門

金堂事

二王アセカ、セ／
給事ヲヒタ、シ、中門前南下地石壇始切立了、貞和四年戊子四月廿八日廊蔵沙
汰、皆析廿貫文、中門南西際、登／
橋ノ西并西面北キワマテ切立了、皆析廿貫文、廊蔵之サタ、観応元年庚寅十一月└39
十三日造功了、／
延文二年丁酉六月　日、中門北浦第二重瓦葺替畢、廊蔵之サタ、
一、金堂事、円融院第十三年天元五年壬午、（別当長隆律師）聖徳太子薨御以後六廻ト聞候也、五月廿一日
夜半金堂壁切破、西間仏／
五躰盗人取之了、又或日記云、承徳元年丁丑金堂西壇仏盗人取之云々、　寛喜三年辛卯（別当範円僧正）二月廿三日、金堂御仏阿弥
陀三尊□（始奉）鋳之、／
盗人取後、相当百卅六年也、　別当定真（真）大僧都、康和三年辛巳正月廿四日（十）任之、治
十年、此任中北方御／
前金堂析幡六流神妙造、被下遣之也、又聖霊会析井（菩薩、以下同）舞装束六具造之、同下遣之
也、／

別当覚遍僧都
貞永元年壬辰八月五日、御仏開眼也、同年十月廿四日供養在之、導師別当光明院(覚遍)、
白川院御宇承暦二別当能算／
年戊午正月八日吉祥御願始之、薬師寺前別当所(真円カ)為也云々、承暦三年己未正月八日戊寅件吉
祥御願年来之間、於／
講堂雖被行之、而従去年正月七日壬午始造毘沙門・吉祥二天像、年中其開眼供養、
以範快聖ニ□(為)導師了、／
即及于今年正月、既渡移於金堂ニ、以十口僧侶如法勤修、其請僧等、開白延良大法
師、呪願清安々々々、□(後)夜／
永真々々々、日中隆縁々々々、日没慶運々々々、初夜慶舜法師、半夜延
清々々々、晨朝頼円々々々、行事義清々々々、／
呪師釈因々々々、承仕二人慶智・歳能、保延五年己未吉祥御願御仏供餅免田寄進之、
当寺末寺／
橘寺(菩提)茾寺金銅仏像合四十九躰、当寺金堂送入并証文六通在之、別当能算永保二年壬戌十二月廿一
日、寺司交名判／

行在之、建暦元年辛未九月一日夜金堂盗人入、金銅仏三躰取畢、推古天皇御本尊也、
仍宿直始被置之四人、承暦二年戊午別当能算金堂十僧始定置、并金堂二町宛行之、
文和元年壬辰為満寺之評定、鵤庄之内光久名十僧中ニ始寄進在之、
文和二年癸巳七月十五日、聖霊院池堤戌亥角ナル大石、依為拝石旧跡金堂前ヘニ引
居之、

講堂事

一、講堂事、淳和天皇御宇天長二年乙巳安居講始之云々、延(醍醐)喜御門御宇延長三年乙酉講堂并
北室西室
八ケ室焼失了、一条天皇御宇正暦元年庚寅(別当仁階大徳)大講堂造立畢、焼失以後相当六十六年(北室于今不及其沙汰)
也云々、元永二年己亥
(別当経尋律師)仏生会被始之、建永元年丙寅講堂板敷戸外立成了、貞応二年癸未講堂板敷被破捨、床
成了、
勝万会ハ建暦二年壬申十一月廿九日、於上宮王院始行之、嘉禄三年丁亥十一月十五日
於大講堂被移了(別当範円僧正)、
正和四年乙卯講堂夏中最勝王経供始之、施主慶玄、嘉暦四年乙巳三月四日講堂前石登

⌊40

御塔事

橋造立、

文和三年甲午五月講堂仏壇ハタイタ作之、下臈分サタ、同四年講堂前燈炉地盤石始切之、廊蔵ノサタ

延文元年丙申夏中講堂正面一間之闌間格子始建立之、定実律師并廊蔵サタ、廊蔵サタ

一、御塔事、久安四年戊辰四月八日御塔鳥隙啐、（なめる）別当覚晴僧都、顕真小草子云、嘉禎三年丁酉塔本仏・并・□（羅）印漢像、勝月上人令修造給了、其後宝光院但馬得業尭実御塔内外之修理在之、弘安六年癸未春、別当覚遍法

建長四年壬子六月己未十六日戊辰鷹来、十八日庚申申刻雷神落入テ塔第三重層ヨリ到于心柱、則火付四面ヨリ見ユ、寺僧見付テ鐘ヲ槌テ集会、老小上下面々走昇テ滅之了、其時郷人四人ニ別賞銭ヲ給了、但御舎利ハ不被取也、次日十九日託或女人、我ヲ可崇ム、不尓者猶可悪云々、仍奉供御舎利并供養法衆・律宗、□（花）別当覚遍

上堂事

山ノ龍池ニ参入テ致種々之勤一、即雨降云々、永仁元年癸巳御塔夏中大般若経供并両界
□（供）
始之一、施主慶玄、
一、上堂事、永祚元年己丑（別当忠教威儀師）八月十三日大風ニ顛倒了、文保二年戊午（別当隆遍法印）正月十七日造初、同二
月八日柱立也、昔ノ石
居ヲ不改其上立之一、同年四□（月）九日棟上、橘寺之太子四十六ヶ伽藍善縄用之了、同
年冬土瓦葺一、
元亨四年甲子（別当能寛僧都）四月九日本尊仏堂ヘ奉入一了、（講堂ヨリ上堂ヘ御入、）貞和三年丁亥（別当覚懐法印）四月八日上堂
ニテノ結夏始之、同丁亥五□（月）
上堂ノ大師（鑑真）講始之一、文和三年甲午四月結夏以前、上堂正面闌間（ラムマカウシ）格子一間新造、性憲
（顕禅房律師）、後戸格子ハ
上宮王院東面古格子也、文和四年乙未十二月三日辰時上堂四天、始堂内奉居一、木作
湛舜（尭禅房僧都）
立願、塗者惣寺ノサタ、綵色ハ一躰惣寺ノサタ、一躰湛舜遺跡サタ、一躰北室禅

⌊41

観上人、永保三年辛酉上堂仏供燈明始奉供之、始ハ行信云々、別当能算時代、

惣社事

一、惣社事、別当信慶律師、仁平三年十二月廿六日惣社造立、前之社ハ三所各別也、而今一所所造之、

建仁三年癸亥惣社造神移、十月廿四日学衆田楽、禅衆一物光明山尼御前ノ沙汰也、別当成宝僧都時代、

□(康)元二年丁巳三月惣社造営、同廿七日宮渡委細別在之、別当尊海法印時代、延慶三年庚戌春造替、満寺之沙汰也、棟上三月十九日、惣寺憑支蔵々人々百貫文取之、寺預段米取之、

三経院事

一、三経院事、白河院御宇、別当能算(承暦四年)承保七年庚申法隆寺西室焼失、北南歟一計残了、一説別当能算承暦二年戊午焼失云々、

古日記云、西室昔之者焼失了、今新造南端三間ハ堂也、次有馬道、次北二間勝万会講師坊也云々、

別当範玄僧正建久二年辛亥八月晦日任之、此任中三経院学生供播广国鵤庄東北条

寄進、／
建保四年丙子当寺慈恩会竪義始之、別当範円法印　範円僧正嘉禄三年丁亥夏依勅宣、
播广／
国鵤庄以水田十八町、勝万会粁并談義料永寄進畢、同時代寛喜三年辛卯四月八日、
西室木作始、同十八日柱立、廿四日棟上、但南端七間三面南四間号三経院、別
当覚遍法印／
仁治三年壬寅秋八月、依寺僧申并依前右大臣実氏御寄進志、於水田者一向寺家御
沙汰、一向寄入法／
隆寺所当五十石云々、河内国弓削庄也、同御代文暦二年乙未七月一日、三経院法相
宗祖師曼荼／
羅并太子御影安置之、願主慶政勝月上人、絵師工覚盛佐土公、銘ハ（九条基家）大納言殿御筆、
九条（道／
家）大殿御弟也、嘉禎二年丙申六月廿七日三経院堂前池掘始之、同別当御代、建長四年壬子
十二月五日、弥南／

西円堂事

北庄年貢十石庄納定、勝万会始寄進、名道間断（新脱）、同別当御代、文永八年辛未鵤庄久岡名、
毎年／
└42
卅石勧学米（講脱）ニ別当玄雅僧正御寄進之、同年辛未八月十六日勧学講始之、弘安九年丙戌
七月卅日、／
因明講始懃行、施主尭実但馬得業、所当卅石本斗寄進之、嘉元三年乙巳卯月廿八日、
講師坊／
造営始之、次年造功悉畢、奘重小草子云、文永五年戊辰十月二日比、別当玄雅中南院
西室／
被造継了云々、別当覚懐法印貞和五年己丑正月下旬三経院北ハ一間広成云々、元ハ経営所ヲ内陣へ
造入也、次二間、今経営所ニ成ス、元ノ室也、同二月四日造功了、観応元年庚寅六
月／
北四間、東面妻戸二間連子二間造始之、元弘二年壬申三経院妻庇葺替、惣寺サタ、
院主定弁、奉行慶賀大法師、
「一、西円堂事、或日記云、永承五年庚寅五月廿三日、午時西円堂破損云々、「古日記云、永承元年丙午後冷泉院御宇五月十七日、

三百廿九／
年之後顛倒云々、此御堂ハ聖武天皇之后光明皇后母公橘大夫人之御願也云々、而顛
倒以前三百／
廿九年ハ養老二年戊午建立歟、此ハ聖武天皇ヨリ以前ノ年号也、尤不審也、別当賀宝
僧都／
安元二年丙申任之、治四年、此任中西円堂仏聖始下三斗、別当覚遍僧都 建長(元)九年十月廿六日造営
始、／
同年己酉十一月八日棟上、大工廿八人云々、弘長元年辛酉二月八日御行始之、施主十人、
同二年壬戌二月／
一日ヨリ三ケ日勤行始之、

西寺鐘落事

一、西寺鐘落事、文永九年壬申六月廿七日酉尅、談義鐘槌時、西寺鐘落畢、三経院承
仕ハ／
増法房也、則先規為別当之沙汰、被懸之㆒事トテ、以夜㆒継日㆒、此由別当ヘ申入、
別当／

玄雅（中南院法印）即時卜占云、口舌病事一膓慎云々、

西寺手水屋事

一、西寺手水屋事、弘長九（元）年辛酉西寺手水屋新作云々、別当良盛僧正時代、

冥符御社事

一、冥符御社事、（別当性誉僧正、）永仁四年丙申始御社造営、冥符御神勧請シテ奉祝云々、文和二年癸巳二月下旬冥符西・南両方大垣之築地并瓦地新造之、惣寺ノサタ、

龍池事

一、龍池事、宝光院之本願主安位之三教房（大真言師也、権者歟云々、）葛城（カツラキノ）龍王ヲ当山へ（奉行北室）勧請シテ奉祝云々、

龍田夷御事

一、龍田夷御事、（別当覚遍）寛元元年癸卯三月廿一日夕龍田大明神御旅所へ奉移、（当社造替也、）同廿二日夜／西宮南宮広田等、始奉移二龍田宮西浦一畢、同卯月八日甲子龍田宮御社棟上、同八月十五日戊子／御帰坐、（大明神御入、）其日（十六日）夜当寺参講問一座（三番、）已上顕真得業日記ニ在之、正本実乗方ニ在リ、／

文和三年甲午三月五日、為龍田宮八講慶祐社参、爰龍田八郎巫女ト云老者出仕在之、得便宜相尋、当／

⌊43

所夷御前来臨之年季之処、我身者今年九十九歳ニ罷成、我母之巫女於西ノ峯ニ高
タナ高ミテクラ／
ヲコシラヘテマネキ、勧請シ奉ルニ、雲ノソヒクカ如クシテ御影向云々、我二歳時ニテ候
ト申、若尓者二歳、／
正嘉元年丁巳歳ヨリ当年文和三年甲午歳マテ、九十八ケ年ニ成ル也、弘安六年癸未六
月廿三日／
龍田宮童舞在之、延慶三年庚戌十二月十三日龍田宮楼門棟上在之、施主慶玄、
建武二年乙亥龍田宮千部経供養、天王寺童舞也、施主弥太郎、建武三年丙子二月廿
四日／
丙申御託宣舞楽在之、当寺沙汰、奈良舞人、康永二年癸未四月十日、六十六部経供養、
舞楽在之、／
当寺宿老以下七僧供養、経聖乗印房、

⌊44

（追筆）

（天喜二年記注文）「一、天喜二年甲午記注文出現、御入奥四百十五年ニ当、聖徳太子於天竺為勝万夫人時入奥、自天竺于唐土給、其間一千二百年、唐土御坐間三百五十三年、自唐渡日本一間五十年、

（源頼朝幡施入）（62頁参照）
一、法隆寺上宮王院奉施入之内、幡六十六流、
右件幡、依前右大将頼朝仰、沙弥蓮西始ハ蔵九郎、令調進之状如件、

正治元年己未十二月日　　弘安四年辛巳マテ七十三年、（ママ）」

└45　└46

解説

河野昭昌

はじめに

「法隆寺雑記」は、康安二年（一三六二）具注暦の紙背に書かれた無題の法隆寺堂宇別編年体の史書である。形態は巻子本で、記載期間は奈良時代より南北朝時代、法隆寺旧蔵で現在は天理大学附属天理図書館（以下、天理図書館と略記）に「具注暦康安二年　写　一軸」（四四五－イ五七）として蔵されている。

紙背の「法隆寺雑記」（以下、「雑記」と略記することあり）は「法隆寺旧記」「法隆寺縁起」とも称される。従来、本格的な翻刻・論考は見られない。表の具注暦は、従前問題視されて来なかった。しかし、四段目の暦注が一般的な吉凶注・雑注であるのに対して、上部欄外の暦注は二十箇所全てが「田事始吉」（正月四日条他）など農業に関する雑注に限定されている。(1)

本書で対象とする紙背の「法隆寺雑記」は、内題はなく、「上宮王院絵殿事」から、「金光院」まで九事項が東院、それに「天満社事」の一事項、「聖霊院事」から「冥符御社事」まで十三事項が西院、それに「龍池事」「龍田夷御事」の二事項が続き、全体で二十五事項である。各事項が一項目から十数項目の編年体形式で叙述されるが、一定ではない。これには多くの逸文が含まれている。それに、本文について追筆が二記事ある。

実は、近年まで表「康安二年具注暦」と紙背「法隆寺雑記」との関係が明確に把握されていなかった。これを、『大日本史料』から見てみよう。

〔吉田文書〕一 法隆寺旧記 ○摂津 上宮王院 建保二年甲戌、勝万会竪義始云々、

〔法隆寺襍記〕 上宮王院

建保二年甲戌、勝鬘会竪義始之、

（第四編之十三冊三八九頁）

この書き様は、「法隆寺旧記」と「法隆寺襍（雑）記」とを異なる書と察せられなくはない。前書は「吉田文書　一」（聆涛閣蔵、東京大学史料編纂所（以下、東大史料と略記）影写本 3071.64-27-1）の中の無題の「法隆寺旧記」、後書は彰考館本写「法隆寺雑記」（大串元善写、東大史料影写本 2015-420）と思われる。ならば、両書は異名同書である。

その上『大日本史料』のこの掲示した文書名・書名からは、表「康安二年具注暦」との関係を窺い知れない。これには、理由がある。両写本には表の「康安二年具注暦」がなんら言及されていないからである。

右の「法隆寺旧記」と「法隆寺雑記」の理解は、問題をこじらせる面がある。それを『国書総目録』に見る。

法隆寺旧記（ほうりゅうじきゅうき）　一冊　(類)寺院　㊢東博

法隆寺雑記（ほうりゅうじざっき）　一冊　㊢東博・東大史料（彰考蔵本写）・大橋（元禄年間大串元善写）・穂久邇・旧彰考（興福寺英俊法印日記等と合）

（七巻三〇〇頁）

東京国立博物館（以下、東博と略記）蔵の前書「法隆寺旧記」（列品番号 QA-2400）は、元禄七年（一六九四）「江戸出開帳記」（法隆寺蔵、元禄七年「江戸開帳之記」乙函65号、披見叶わず）で、後書「法隆寺雑記」は小杉榲邨蔵本の写本（列品番号 QA-1737　大串元善写）である。「法隆寺旧記」と「法隆寺雑記」は異なる。つまり、吉田文書中の「法隆寺旧記」と東博蔵「法隆寺旧記」は、同名異書である。かつ、「法隆寺雑記」は、「康安二年具注暦」には言及していない。

このように表「康安二年具注暦」を問題視するのは、具注暦受給者が、紙背を「法隆寺雑記」として使用した法隆寺かどうか、に関わるからである。本記録を最初に言及した荻野三七彦氏は、「吉田聆涛閣所蔵の吉野時代乃至室町時代初期筆写になる無題の法隆寺記録は、近世に至つて「法隆寺雑記」の書名を以て元禄八年水戸家の大串元善によつて書写されて居るもの、原本である(2)」と、吉田聆涛閣所蔵本を原本と見なす。しかし、これを読む限り荻野氏が表「康安二年具注暦」を如何に認識したかは察せられない。

以上は戦前（戦前の調査を踏襲した戦後の発表を含む）の動向である。

戦後になって「具注暦康安二年　写　一軸」の所蔵者天理図書館は、『天理図書館稀書目録　和漢書之部　第三』（一九六〇年刊）にて、

紙背に「上宮王院絵殿事」「御舎利殿太子御影事」等法隆寺文書あり(3)　（二九九頁）

と、記すのみである。この記載によっても「法隆寺雑記」を想定することは困難である。

長らくこのような表と紙背の関係、紙背の異名同書・同名異書理解の状況が続いた。近年になって『大日本史料』は、第二編之十九（一九七五年刊）にて、

〔法隆寺雑記〕（吉田文書一所収 ○摂津）

一、上宮王院、（○中略）治安三年（癸(ママ)丑）、……即令修造畢云々、（○畢以下三字、彰考館本ヲ以テ補塡ス、）

と、従来の吉田文書一の「法隆寺旧記」を「法隆寺雑記」と改称し、かつ彰考館本「法隆寺雑記」と同一内容と書き改めている。さらに、第二編之二十六（一九九八年刊）にて、

〔法隆寺旧記〕（○天理図書館所蔵康安二年具注暦紙背）

聖霊院事

（三二〇～一頁）

〇中略

一、万寿四年丁卯、九月六日、午剋、於法隆寺円城院〔成〕千手堂、……〇法隆寺雑記同ジ、

と、初めて現蔵本「具注暦康安二年　写　一軸」の紙背を「法隆寺旧記」とする。しかし、この書名の表示では明確に「法隆寺旧記」と「法隆寺雑記」と異名同書とは理解できるか微妙ではあるが。この時点に至ってどうにか『大日本史料』上から、「法隆寺雑記」と「法隆寺旧記」とが異名同書で、「康安二年具注暦」の紙背であることを理解できるようになった。

かくして「法隆寺雑記」が「法隆寺旧記」と称せられること、同書が「康安二年具注暦」の紙背と明確にしたのは、山本紀子氏の「『嘉元記』「用語」「解説」」での「法隆寺雑記」である。しかし、山本氏は「本書の写本は、天理図書館所蔵の巻子本が最も古く、その他の諸本は元禄八年書写の彰考館本から派生したものである……天理図書館本は、もと法隆寺観(ママ)学院に伝来しており、康安二年の紙背に記されていて原本である可能性も高い(4)」とする。よって、現時点においても天理図書館所蔵本の紙背「法隆寺雑記」を、荻野氏のように原本と見なすか、山本氏のように最も古い写本もしくは原本の可能性を残すか、という問題が存在している。

右のように本「法隆寺雑記」の内容等を検討する以前に、書名の問題、表「康安二年具注暦」との関係、表「康安二年具注暦」を擁する「法隆寺雑記」が原本か写本かの如き諸問題が潜んでいる。

一　書誌学的検討

天理図書館蔵「具注暦康安二年　写　一軸」に関する諸問題を解決する方向性で、つまり表「康安二年具注暦」・紙

背「法隆寺雑記」の基本的な性格を、主として書誌学的手法で概述する。

書誌的概要

【表　康安二年具注暦】

南北朝中期の康安二年（一三六二）が、諸々の基点となる。康安二年具注暦は巻子本一巻で、元表紙（改装後補で亀甲花文錦、見返は金切箔散・縦二七・八cm、横一八・七cm）は取り外され、用紙は総裏打である。法量は、縦二八・〇cm、全長三〇一・四cmで、本文は九紙継で、標準は一紙横三八・八cm（第一・二・九紙は短い）である。形状は、有界で約二二行三段配字、天地は単辺二四cm、界高は二三・五cmで、界幅は約二・〇cmである。奥内題は「具注暦康安二年」（後筆）、暦面は毎行書、暦序より六月月建部分（この間完全に続く）に至る。暦注の吉凶注ないし雑注の四段と上部欄外（農事関係）とに同筆で記載されているのが、注目される。

【紙背　法隆寺雑記】

内題はない。記述形態は、基本的には一つ書の下に細字で数行から十行内外書かれ、一行四十数字で、まま分かち書きがある。この一つ書は法隆寺の堂宇（二十二事項）と太子像（二事項）、そして法会（一事項）の二十五事項（書式一定せず）あり、この事項に一件から十数件が記される。今試みに前者を「要目」と、後者を「項目」と仮称する。各「要目」の下の「項目」はほぼ編年順で、記載期間は、詳細に示すと「上宮王院」の「行信上宮王院造営」（五九頁）の天平十一年（七三九）から「聖霊会事」の「三鼓新造」（六三頁）等の延文二年（一三五七）までである。

編集時期は、原本ならば、表の具注暦の康安二年（一三六二）以降で、「龍田夷御事」（「要目」）に「已上顕真得業日記ニ在之、正本実乗方ニ在リ」（八〇頁）とある実乗が貞治二年（一三六三）に没しているので、貞治二年以前と推察される。

写本ならば、延文二年から貞治二年の間となろう。編集期間から視れば、写本の方が無理がない。現段階では、南北朝中期頃と推定しておく。

編者は、法隆寺僧であろうが、階層等を推測させる記述はない。ただ、法隆寺の諸記録を意図的・精力的に蒐集した形跡が窺われる。それは、従来知られている同じ南北朝期記録書には見られない「印算本ノ年代記」（五二頁）や「御舎利堂日記」（五九頁）という典拠をはじめ、数多くの典拠を使用しているからである。その使用法は典拠名を明示して事象の訂正、追加記事に多く採用する。この手法は、南北朝期編集の諸記録書（主として史書）において史実選択の相違を予測させ、上記記事の大半は今日においては逸文に揚げられる。本記録の特徴の一点となる。

巻末に異筆の二記事があり、その最終行に、「正治元年己未十二月日　弘安四年辛巳マテ七十三年」（八二頁）とある。

完本か抄本ないし雑編かに関しては、形態上、巻子本の故、錯簡・乱丁等を検出し難いことを承知の上で、推考する。「要目」の位置、「項目」の長短に相違はあるものの、順序ないし内容上に大きく懸隔しているような箇所は見受けられない。先の追記をも加味すると、整備された形ではないが完本と推察される。

巻頭下部に「天理図／書館蔵」「聆涛閣／鑑蔵記」「法隆学問寺」「勧学院／経蔵印」の蔵書朱印がある。この蔵書印から、本「雑記」が旧蔵者法隆寺（勧学院）から聆涛閣[6]、そして現蔵者天理図書館への移動が分かる。

原本と写本との関係、転写の経路

先のような「法隆寺雑記」と「法隆寺旧記」という異名同書、後書「法隆寺旧記」という同名異書、両書名と表「康安二年具注暦」との関係の不明、原本か写本かというような混乱が生じる因には、現蔵「具注暦康安二年　写　一軸」紙背が無題であることとその書写の来歴にあるようである。これを探るには、原本とその伝写の経路をたどることが必要である。

まず、彰考館本（大正十二年（一九二三）関東大震災にて焼失）を明治十三年（一八八〇）に影写した「法隆寺雑記」（前掲、東大史料蔵）の奥識語、

（朱書、以下同）
「法隆寺雑記」
右元禄乙亥「季夏」以和州人山本平左衛門伝借本写之、　「大串元善奉　命、」

を、改めて検討することが要請される(7)。元禄八年（一六九五）水戸史官大串元善が書写した奥識語からは、「康安二年具注暦」のことは察せられない。これに関しては、大串元善が「康安二年具注暦」に関心が向かわなかったのであろうか。ここに、写本上の表と紙背との問題の根源がある。

ところで、「法隆寺雑記」を含む五冊からなる小杉榲邨編の東大史料蔵「徴古雑抄」（彰考館本写、4115-27）の「法隆寺宝物和歌」奥識語に、

右法隆寺宝物和歌壱冊、元禄乙亥季夏以本寺花苑院本、大串元善於京師写之、

と見える。全てが京都での書写と見なせば(8)、前掲東大史料本「法隆寺雑記」は京都で書写された可能性がある。

実は、他にもう一系列の写本がある。それは、宮内庁書陵部蔵本「法隆寺縁起」（111-156）である。本写本は、出羽蓑助が明治十九年（一八八六）に大阪府殿村恵津蔵書「法隆寺縁起」と「康安二年具注暦」（自暦序至正月廿九日）とを転写したものである。今まで存知されていなかったが、表「康安二年具注暦」を一部分ながら書写した唯一のものである。内容は巻頭に重複四行があるものの、「法隆寺雑記」（表紙、十九紙）と同一で、次いで「康安二年具注暦」（二紙）である。

その来歴を示す。暦の余白に、

大阪府殿村恵津蔵書ヲ以／写之、

と、本文と同筆で署されている。さらに、裏表紙裏に押紙二紙で異筆にて、

明治十九年四月廿三日騰写、／墨付惣数弐拾枚（ママ）／出羽蓑助(印)

十九年七月廿九日校閲、／紙数二十枚、／青山宗通(印)

とある。

そして、虫喰い箇所は天理図書館蔵本と同一である。以上より、「法隆寺縁起」は、法隆寺蔵本か聆涛閣蔵本、あるいはその写からの写本と思われる。かつ、表と紙背が逆転し具注暦が正月分のみであるが、表と紙背を書写していることは、法隆寺旧蔵を原本と想定するに一要素たりえよう。なお、『国書総目録』には、

法隆寺縁起（ほうりゅうじえんぎ）　一冊　(別)南都法隆寺縁起　(類)寺院　(写)宮書(明治写)　（七巻二九九〜三〇〇頁）

と、表「康安二年具注暦」には触れていない(9)。

果して、天理本が原本か写本かである。法隆寺僧が自寺院史を具注暦の紙背に書き下ろすかと設問すれば、原本は難しくなる。それに、編纂時期を考慮すると写本の可能性がより高くなる。

なお、右の諸写本は、全て冊子本である。天理本の巻子本形式の写本はないということになる。

ここで、表「康安二年具注暦」、紙背「法隆寺雑記」ないし「法隆寺旧記」「法隆寺縁起」の伝写の経路を、「表「康安二年具注暦」　紙背「法隆寺雑記」伝写経路(案)」にして左に提示する。

以上から、次のように読み取れる。明治十九年(一八八六)写宮内庁書陵部本「法隆寺縁起」のみは、法隆寺ないし聆涛閣蔵原本ないしその写本から表(正月のみ)と紙背の両方を筆写した。元禄八年(一六九五)写「法隆寺雑記」は、法隆寺蔵の原本から紙背のみを必要としたのであろう。明治二十二年(一八八九)写「法隆寺旧(雑)記」も聆涛閣蔵本

図表1　表「康安二年具注暦」紙背「法隆寺雑記」伝写経路（案）

写は全て冊子本
＊以外、表の筆写・言及なし
（付記）大橋図書館本焼失　穂久邇文庫本未見

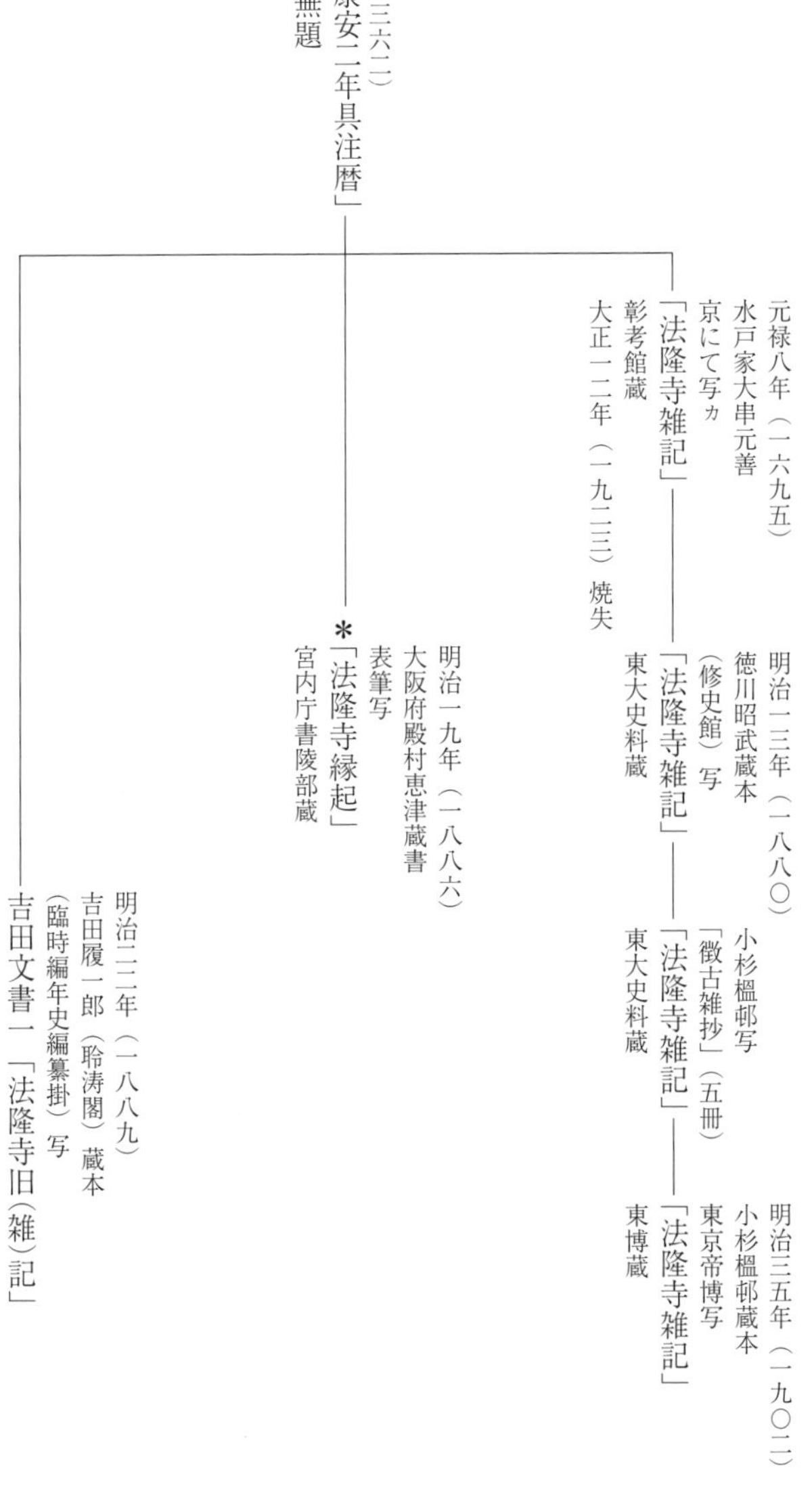

であるから臨時史料編纂掛が表「康安二年具注暦」を必要としなかったのであろうか。

したがって、諸混乱の生じた因には、紙背が無題であった点、元禄八年の写本、明治二十二年の写本の際、表「康安二年具注暦」が要請されなかった、または等閑視された点、明治十九年写本が関知されなかった点、の三点が考えられる。

管見の範囲内ながら、紙背関係において表が等閑視され、かつ紙背において異名同書・同名異書の歴史を持つ文献は稀有であろう。その上、表・紙背とも原本による本格的な研究は未だ聞かない。このような状況であったため、史料として今日まで十二分に検討ないし利用されて来たとは、言い難い(10)。以上のあり様を鑑みて、我々は「法隆寺雑記」を「南都寺社史料集」の二冊目に選んだ。その立場は「康安二年具注暦」を表とし、「法隆寺雑記」を紙背とする、天理図書館蔵「具注暦康安二年　写　一軸」を最も古い写本もしくは原本と見なす見解である。

具注暦の受給者と「法隆寺雑記」

右の写本にしろ原本にしろ、表・具注暦の受給者の問題に進展する。これについては、紙背が法隆寺に関する歴史記録であり、「法隆学問寺」「勧学院／経蔵印」の法隆寺蔵書印が押印されていることから、法隆寺と見るのが第一義であろう。

としても、法隆寺で南北朝期具注暦を使用したのか、という根本的な問題設定は必要である。何故なら、当該時期において法隆寺が具注暦を必要とした機能ないし所務を果たした痕跡を示すこととなるからである(11)。このことは、年中行事・吉凶注・雑注等に関わる寺僧が上部欄外の農耕に関わるような雑注を要請したか、に波及する。原本か写本かという問題が残されている故、断定は出来ないものの、やはり紙背が法隆寺の記録である点を重視すると、具注暦の要請者つまり受給者を法隆寺と想定することが、改めて浮かび上がるのである。不十分な分析ながら、具注暦の受給者を法隆寺と措定して、論を展開する。

さらに、検討すべきことは、略述したように具注暦が断簡ならば、紙背の「法隆寺雑記」も断簡・雑編かである。表と紙背との関係を簡略化すると、次のようになる。

（表）	（紙背）
巻末　六月の月建部分	巻頭　「一、上宮王院絵殿事……」
巻頭　暦序	巻末　追筆部分

紙背の巻末・追筆部分と表の巻頭・暦序とが表裏であるので、紙背は完了部分と見なして差し支えない。一方の紙背の巻頭「一、上宮王院絵殿事……」と表の巻末六月の月建部分とは、そう簡単には進まない。

再び紙背に内題がないのが問題となる。つまり、「一、上宮王院絵殿事……」が巻頭にくる構成となっているかどうか、である。本「雑記」は、「内容要目」（四頁、九六頁参照）のように南北朝期まで法隆寺の堂宇の概要がほぼ網羅されている。構成上の先例を探ると、鎌倉中期の顕真編『聖徳太子伝古今目録抄』（以下「稿本」と略記することあり）[12]が上宮王院から始まっている。右の二件から、紙背の始まり方は巻頭と見ても差し支えない。

しかし、この表が暦跋ではなく六月の月建部分から始まるということは、紙背が表の暦跋から始まっている可能性があるので、書誌学上、断簡ないし抄本である可能性は残る。

表「康安二年具注暦」上部欄外の雑注の意味

本具注暦には、四段目と上部欄外とに吉凶注・雑注が書かれている。四段目は、

（月　日）　（記載事項）
正月　二日　皆始歯固、倉開、吉書始
二月十七日　元服、裁衣吉
三月十三日　出行吉
四月　七日　元服、出行吉
五月　九日　裁衣吉

等である。これらの事項は、通常の総体的な吉凶注・雑注である。これに対して、上部欄外を右と同様に月日と記載事項を示すと、

正月　四日　田事始吉　五日　田事始吉　十二日　田事始吉　十四日　□（蚕食）／生始吉　十九日　種下／始吉　廿四日　種始吉
二月十四日　糠取／種濡
三月　三日　種濡種蒔吉　五日　種蒔　十五日　種蒔／田殖／始吉　廿五日　種下
四月　七日　田殖始　十九日　田―　廿九日　田―／麦取／始蒔
五月　一日　田殖始吉　七日　田殖／始吉　十五日　田―／麦取　廿一日　田―／麦取始　廿七日　田殖／麦始

である。なお、「法隆寺縁起」の「康安二年具注暦」正月分の六点の記述は同一である。一見して、全てが農事関係暦注であることは明白である。具注暦の暦文を付集した『猪隈関白記』（『大日本古記録』）の建仁元年（一二〇一）三月十六日・廿八日条「種蒔吉」程度しか存知しない筆者には、敢えて表現すると、農事暦と見まごう程である。

康安二年具注暦記で翻刻・影印されている『後深心院関白記』（近衛道嗣、大日本古記録・陽明叢書）に、四段目に一

箇所「種蒔吉」(七月一日条、本具注暦六月以降欠)が記されている。未翻刻では、東寺観智院(金剛蔵聖教)尊法口決の紙背康安二年具注暦(東大史料写真版 6800-21)、仁和寺蔵仁和寺蓮華心院供養請書・鎮壇記の紙背康安二年具注暦(仁和寺史料39・44、両巻で一年分ヵ、前同 6170-14-39・44)には農事関係暦注は見られない。したがって現在までのところ、康安二年具注暦の上部欄外に農事関係暦注が記されているのは、本法隆寺旧蔵に限られるということになる。

具注暦に不案内ながら、このように農作業の雑注がまとまって記されているのは、珍しいのではなかろうか。それも、上部欄外に農事暦のように記されているのは、更に稀有ではなかろうか。これを、桃裕行氏が吉凶注の「乗船吉」を「乗船型」と呼称された[13]のに倣って、「農事型雑注」と仮称しておく。

翻って、農業史研究での農事暦は、従来年中行事(祭礼)との関連で捉えられ、それも中世後期からが対象である。加えて、具注暦の「農事型雑注」には視野が及んでいないようである[14]。

「農事型雑注」をこのように理解して、受給者が「農事型雑注」を要請したと改めて推測すると、それは寺辺の散在荘園領主であり、かつ遠隔地の播磨国鵤庄の領主[15]である法隆寺が、荘園領主経営としての農作業日程、つまり勧農を指標としたことを意味するのであろうか。かつ、本「農事型雑注」が嚆矢となるか。

紙背「法隆寺雑記」—構成と記録への姿勢

本「雑記」を完本として見なして、「上宮王院絵殿事」から始まる構成に注目する。それは、同時代の重懐編『法隆寺縁起白拍子』(後掲「南北朝期 法隆寺記録書構造図(案)」参照、以下「構造図(案)」と略記)のように「惣寺建立并三宝弘通鎮守龍田明神ノ事[16]」と法隆寺の原点「惣寺建立」から始まるのが大半であるからである。上宮王院開始の前例が顕真編『聖徳太子伝古今目録抄』に見られることに留意する。加えて、構成の基本である堂宇別編年体は同目録抄の事項別準編年体に近似している。よって、「法隆寺雑記」の構成の大枠には、顕真編の同目録抄が意識されている、と見なされる。

さらに、堂宇別編年体は同じ南北朝期に編纂された『法隆寺別当次第』（以下、『別当記』と記す[17]、「構造図（案）」参照）の別当任中の事歴編年史を堂宇別編年体に解体した形式のように推測される。

右より、「法隆寺雑記」の巻頭が上宮王院（東院）で、「聖霊院事」から西院に移る形式、各堂宇の編年体形式という構成の土台は、前者が『聖徳太子伝古今目録抄』に倣い、後者が『別当記』を解体した形式と捉えられる（図表5参照）。

そして、本記録の構成の根底は、一つ書の「要目」とその下の十前後の「項目」から成っており、その全体は二十五「要目」（これを目次として「内容要目」（四頁）とする）である。

その一「要目」の成り立ちを、「一、天満社事」の「御社造替」（六四頁）を例にして見ていこう。

一、〔一〕元亨四年甲子御社造替、施主慶祐専順房、〔二〕建武二年乙亥十一月廿七日拜殿造了、慶祐、〔三〕康永三年甲申七月十九日如法経道場菴室造、〔四〕観応元年庚寅七月一日天満講（問脱）施行之、施主慶祐大法師、

便宜的に項目の前に〔一〕のように漢数字を付し、合点を略した。「法隆寺雑記」のこの〔一〕から〔四〕を、同じ南北朝期法隆寺の記録書、『別当記』と『嘉元記』[18]（「構造図（案）」参照）と比べて見る。『別当記』は各別当の条に〔一〕元亨四年（一三二四）、〔二〕建武二年（一三三五）、〔三〕康永三年（一三四四）、〔四〕観応元年（一三五〇）の年次毎に四項目を記載し、『嘉元記』は〔一〕から〔三〕までを一括して記し、〔四〕を単独で別の年に記載する。

また、堂宇内の荘厳物等の変遷も、例えば「聖霊院事」では、

天仁二年（一一〇九）以降　聖霊御影像并仕者惣五躰安置（六五頁）

万寿四年（一〇二七）　多羅葉一枚雨落了、心経梵本也、康平四年（一〇六一）　新聖霊院安置（六五～五頁）

天福元年（一二三三）　聖霊院内鐘鋳了、（六六頁）

とあるように編年に若干の問題を含みながら、時系列で見ることができる。

かくの如くに「雑記」は上宮王院（東院）から西院へ、寺内（外）の堂宇・荘厳物を一括し基本的には編年順に整理し記載する。それ故、ある堂宇（に蔵せられる荘厳物）の年次と大枠の変遷を把握するのに簡便である。ここに、本「雑記」の史書[19]としての特徴と利点が存する（一四五～一五三頁の一覧（本頁▽）の上半分をこの意味で利用されたい）。

さて、本記録の特徴のもう一点に、これまでの記録書より典拠文献の名称を明確に記していることがある。

その名称を左に掲載順に「記録一覧」として掲示する（大半、数度使用される）。

「印算本ノ年代記」「古今目六抄」「□（年）代記（印算本ノ年代記カ）」「或人」「年代記」「奘重小雙帋（草子）」「顕真小雙帋（草子）」「顕真得業小草紙」「古日記」「御舎利堂日記」「或説」「或日記」「幡銘文」「或日記」「顕真日記」「顕真得業日記」「宝物日記」「一説」

（傍線は本記録のみに見られる典拠名）

このうち、法隆寺僧奘重による「奘重小雙帋（草子）」は『嘉元記』にも引用され[20]、本「雑記」には二箇所（五三頁、七八頁）引用され、両方共『別当記』に典拠名が記されていないが、要旨は利用されているようである（▽後掲「「要目」「項目」「典拠名」と法隆寺諸記録書・『大日本史料』との関係」参照）。

さて、右の「記録一覧」は編者の記録典拠重視の姿勢の現れと考えられる。ということは、編者がある事象に責任を持つ営為と捉えられまいか。

さらに検討していくと、「古今目六抄」「顕真小雙帋（草子）」「顕真得業小草紙」「顕真日記」「顕真得業日記」という顕真の諸記録（「顕真記録」と総称する）[21]が群を抜いているのが明瞭となる。具体的には、典拠名明示事例三十九「項目」の中での十六「項目」である。これは、編者の記録重視の上にさらに顕真記録を特別視する姿勢の現れと理解される。

このように本「雑記」の構成・記録への姿勢において、鎌倉中期の顕真の存在が窺われる。

如上二点の、「法隆寺雑記」編者が事項に責任を持つ姿勢と、構成・記録において顕真の存在の想定は、中世法隆寺の記録（史書）史上、新たな観点の問題を喚起する。

『別当記』、本文・追筆—頼朝幡施入をめぐって

本「雑記」には、本文に続いて二件の追筆がある。

・天喜二年記注文
・源頼朝幡施入

前者は天喜二年（一〇五四）太子御廟より出現した石の記文である。後者は本文に記載されている源頼朝による幡施入（六二頁）である。特に、後者は本文に加えて追筆がなされたのであろうか。このことを、『別当記』の、

> 正治元年己未十二月日、聖霊会幡右大将源朝臣頼朝御寄進、　（成宝条）

を踏まえて考えてみる。「法隆寺雑記」は「聖霊会事」（「要目」）において頼朝による「幡」の「施入」を、

> 大将殿施入之幡銘文云、　法隆寺　上宮王院　奉施入　合御幡六十六流、　右御幡依前右大将源臣頼朝仰、沙弥蓮西令調進也、　正治元年己未十二月　日、
> 但大将殿ハ正治元年正月十三日御他界云々、　（六二頁）

と記し、続けて編者は勧進の状況を書す。

以此幡銘文、院代良観上人於関東勧進也、今幡是也、庭幡ハ円覚上人勧進也、

『別当記』より詳細に記している。そして、追筆に左の文章が認められている。

一、法隆寺上宮王院奉施入之内、幡六十六流、右件幡、依前右大将頼朝仰、沙弥蓮西始ハ藤九郎、令調進之状、如件、

正治元年己未十二月日　　弘安四年辛巳マテ七十三年、（八二頁）

本文「銘文云」以下と追筆の「正治元年十二月日」までの文章に若干の相違が見られる。ここに、追筆の意図があるように推測される。ならば、追筆は、「銘文」のより正確を期したものか、文書の写であろうか。後者に立つと、形式上は奏者が記されていないが、稚拙ながら「源頼朝御教書」と見なされよう。とすると、正治元年（一一九九）発給の文書を、約八十年後の弘安四年（一二八一）に筆写され、さらに南北朝期に追筆者が本文に関わりある事項として追記したこととなろうか。

実は、右の一連を検討する前に確認すべきことがある。それは、頼朝の死亡年時である。本「雑記」編者が注記しているように頼朝死亡後である。参考までに、文書と見るならば、黒川高明氏『源頼朝文書の研究　史料編・研究編』[22]からは、没後のこのような文書は見出されない。幡そのものは、現在は伝来していない[23]。しかし、史料上からは追うことができる。江戸期の記録ではあるが、『法隆寺良訓補忘集』の大永三年（一五二三）七月日付「会式勧進帳」に「前右大将源頼朝卿仰城入道蓮西、御幡六十六流新調」と、前述した元禄七年（一六九四）江戸出開帳の宝物「諸品」中の「頼朝卿寄進之幡[24]」である。

なお、頼朝に関する本文と追筆とを視方を変えると、鎌倉期から南北朝期にかけての法隆寺の頼朝観を探る一素材となる。

また、勧進部分の「円覚上人」は「北室の最初の長老[25]」とは時代的に判断して同名別人であろう。

二　記録への姿勢から歴史意識を探る

略述した二点の新たな問題点の具体的事例を提示して、検証していく。その一点の事項に責任を持つ姿勢から入る。

記録を起点に南北朝期三史書と比較

ある事項に関して「法隆寺雑記」の一記録を起点に、「雑記」と、同時期編纂の史書『別当記』『嘉元記』、それに前書にて第三の史書と目した『法隆寺記録』とを比較・検討して、四史書の各々の特徴を摘出する。

その事例に、「雑記」の「要目」「御舎利堂事」中の暦応三年（一三四〇）二月二十四日条「項目」「舎利紛失後入」記事の記録「古日記」を内包させて四様を提示し、それを別当認識を核に史書の相違を考察する。

暦応三年庚辰二月廿四日御舎利失給、半時計シテ、机ノ下ノ夕、ミノ上ニテ、盛尊尭春房奉求出了、預ハ賢盛宗識房五師御出現之後、急水精塔ニ奉入、一臈封ヲ付畢、向後坪（壷）外ニ不奉出云々、其後勘古日記、別当ヨリ預職可改替之由、度々雖被仰下、惣寺非重科之旨御返事申、然而御沙汰強々之□（間宗）識房五師内々以所縁、任料半分計致沙汰、別当御沙汰ヲ止了云々、（傍・破線は編者、以下同）（五六頁）

先に「法隆寺雑記」のこの記事と『嘉元記』とを見比べる。この両史書は、「御舎利失給、……外ニ不（可）奉出云々、其後勘古日記……任料半分計致沙汰（畢云々、）」（（可）（畢云々、）は『嘉元記』）までほぼ同一で、「雑記」はこれに続いて破線部「別当御沙汰ヲ止了云々、」を記している。これにより、『嘉元記』は「古日記」（傍線）からの「別当御沙汰ヲ止了云々、」を削除したのに対して、「雑記」は筆写したことが分かる。この違いは大きく、その意義は二点ある。一点は、全文引用した「雑記」は原記録「古日記」に忠実であることである。ということは、記録からの歴史の再構成に作為がない、と解釈される。二点は、二書の選択意識より『嘉元記』は「古日記」の結論たる別当の判断行為を記すのを避けたのに対して、「法隆寺雑記」は躊躇なくそのまま採用したことである。

これに対して、『法隆寺記録』は左のように記す。

一、暦応三年庚辰二月廿四日当寺御舎利ヲ失マイラス、当預宗識房五師、其由来ハ当日ニ人多参間ニ、巳時計ニ臨時出奉テ後、水清(精)ノ五輪ニ入奉処ニ、入コホシマイラスルヲ不知シテ、塔計ヲ袋ニ裹テ置給テ、式御時出奉ニ、塔内ニ御舎利不見給、舎利礼一反後見付奉、諸人アキレタル事申量ナシ、未ノ貝時ニ見付奉、然云、人色ナヲモナヲラス、皆ムネウ〇(チ)タキタル様ニテアリ、其後ハ御舎利ヲモ代官ニテ出奉、其ヨリシテ塔入奉、其已前ハ銀壺ニ入テ鉢エ移マイラセテ拝見シ奉リシ也、直ニ拝見ノ事此ヨリ留了、末世ノシルシ、末代ハカヽルアヤマリ多カラムトテ、此ヨリシテ水清ノ塔ニ入奉物也、

（一一〇〜一頁）

これを一読して言えるのは、『法隆寺記録』は前二史書とは、原典を異にしているということである。それに拠るためか、『法隆寺記録』は事の次第を淡々と記述することに徹し、事あらば介入せんとする権力僧別当の動向に一切触れていない。

右の三冊が暦応三年（一三四〇）の舎利紛失事件を記載しているのに対して、正史的な『別当記』は、

暦応三年庚辰二月十五日御舎利堂涅槃会析、鵤庄三清名始寄進、

同三月廿一日聖霊院御影供始、

同年庚辰八月十一日於龍田宮、雨悦延年在之、当寺之沙汰、如法殊勝、

（能寛条）

と、全く記載していない。

このように暦応三年の舎利紛失事件を記録する有無を第一段階の問題とする。記録するものでは、「法隆寺雑記」が本来の紛失そのものを詳細に、次いで『嘉元記』がほぼ同量に記録する。この二書には「古日記」が使用されている。『法隆寺記録』は前二史書とは趣を変え、付随的な内容を詳細に叙述する。『別当記』は記載していない。ここに、本事件に対して形式上において四史書の中、二書が同じ「古日記」を使用し他の二書が不使用で、かつ無記載を含めて四書四様に記載方を行っていることが明らかとなった。

次なる第二段階として、記録した三史書における歴史観の相違を検討する。この段階においても法隆寺の頂点に位置する別当能寛(興福寺僧)の扱いを核とする。具体的には、「法隆寺雑記」『嘉元記』に記されている、別当が失態を演じた舎利預の交替を命じてきたが、惣寺は「重科に非らざるの旨」と拒否した後の二様である。この問題を設定できるのは、「古日記」あってのことである。

『別当記』誌上、法隆寺が興福寺僧別当と敵対するのは、聖霊会を年に二度施行した別当能算(一〇七五~九四)時「十二箇条奏上」(能算条)、建久六年(一一九五)免田顛倒に対する「八箇条訴詔」(覚弁条)、貞和二年(一三四六)別当範守が拝堂しないことに対して閉門(範守条)以外には見られない。『別当記』は上記三件程ではないと判断したのであろうか。

問題とする別当の舎利預交替要求の底意は「古日記」文脈から読み取れるように舎利預の任料にあり、法隆寺から提示した妥協策たる半額に別当は応じたのである。これを「古日記」は、その一部始終の起承転結の結として伝えていると読解できる。「雑記」はこの真意を汲み取ったのである。二書の相違をかく理解すれば、第一段階の四書四様の実態が一段と明確になるであろう。要するに、この舎利紛失事件の扱いに「雑記」は他の史書三書とは異なり事の顛末の実相を転写したのである。特に、最終文言「別当御沙汰ヲ止了」は単なる転写ではなく、別当の行為に対する法隆寺の抵抗の成果を編者が評価している意思表示が込められているように感得されるのである。したがって、「法隆寺雑記」がこの一文を転記するということは、『嘉元記』とは異なり、暦応三年（一三四〇）の舎利紛失事件に対して文脈上解釈までに及んでいるように推察される。「雑記」はここで『嘉元記』をはじめ三史書とは一線を画し、筆者は編者の別当批判という歴史意識を汲み取るものである。次にもう一点の構成と記録における顕真の存在に入る。

「顕真記録」の分析

まず、本「雑記」の諸記録の最多の「顕真記録」自体を分析する。この観点は、「雑記」を介して顕真研究のささやかながら新たな一面を明らかにすることになろう。顕真とは、周知の前掲『聖徳太子伝古今目録抄』をはじめとする中世法隆寺屈指の記録集成者で、かつ太子信仰熱誠僧でその再編者である。

一件は、先に記した傍線部「顕真日記」「顕真得業日記」（本書九七頁）に関してである。この日記は、天福二年（一二三四）の、新聖霊院修造（六五頁）、寛元元年（一二四三）八月二十三日条の九条道家参詣の際の蔵開き（六七頁）、寛元元年三月二十一日条の龍田夷御旅所（八〇頁）の三例である。顕真は記録上、弘長二年（一二六二）までは生存しているので、右三例は顕真日記から、と見なして差し支えあるまい。つまり、少なくとも顕真には天福二年（一二三四）と寛元元年（一二四三）の日記が存在していたこととなる。ここで問題となることがある。それは、荻野氏の顕真記録が「日記体に記録したもの[26]」という的確な指摘である。そして、この顕真記録が全て顕真生存中であることからすると、先の日記三例を強調するのは躊躇される。

さらに、生存中に力点を置くと、「雑記」の顕真記録は、顕真が稿本で歴史的記事を師隆詮等から秘伝されたとする「秘事」「秘文」「秘注・秘文口伝[27]」等とは異なることとなる。この側面は、「雑記」に新たに価値を付与するのみならず、顕真研究にも少なからず意味を持たせるであろう。

二件に移る。「雑記」には顕真記録は十六「項目」数えられ、先ずその中で稿本との関連性である。それには「古今目六抄」が適応し、二点存する。一点は、「法隆寺雑記」が、

古今目六抄云、今此絵者始書之、但自二月至五月書也、即絵殿ノ始也云々、已上　（五二頁）

であり、稿本は、

今此絵者始書之、但自二月至五月書了、此即絵殿始也、　（一二頁下）

である。「古今目六抄」と稿本の両書は同一と見なしてよかろう。

もう一点は、「法隆寺雑記」が、

古今目六抄云、別当行信（大）僧都御舎利堂造立、御舎利安置之、元ハ上宮王院安置也云々、　（五三頁）

であるのに対して、稿本は、

昔御舎利在正堂、自中比行信僧都別造堂安之、　（一三頁下）

である。先の例と比べると、同じ文献のようには思われない。考えるに、荻野氏は稿本と顕真記録とは「別種」[28]とするが、後者からは首肯されるが、前者からは首肯されない。当時稿本に正本・異本のような二種あったのであろうか。

実は、「顕真記録」以外にも「雑記」に稿本らしき記事を検出できる。それは、「法隆寺雑記」が「三経院事」（「要目」）にて、

古日記云、西室昔之者焼失了、今新造南端三間ハ堂也、次有馬道、次北二間勝万会講師坊也云々、　（七六頁）

であり、稿本が、

西室昔之者焼失畢、今新造南端三間堂也、次有馬道、次北二門（間）勝鬘会講師房也、　（二五～六頁下）

であること、である。これは同一と見てよかろう。よって、本「雑記」には「顕真記録」以外にも「顕真記録」が含まれていることを示す。

このように本「雑記」から鎌倉中期『聖徳太子伝古今目録抄』を絡ませて顕真記録を垣間見ると、南北朝期おいて現存の稿本とは異なる「聖徳太子伝古今目録抄」の存在の可能性を暗示、それに同抄に含まれない異なる顕真記録が存在し、そうした中の一つに「古日記」が同抄に使用されていることを指摘できる。この観点は、「聖徳太子伝古今目録抄」の写（稿）本の問題に波及する。

「顕真記録」の使用方

次に、本「雑記」の顕真記録の使用方を二点ほど考察する。

一点は、「雑記」編者の顕真記録を特別視する姿勢である。それは、先の顕真日記の一例「要目」「綱封蔵事」の「項目」「宝物北蔵ヨリ南蔵」「宝物南蔵ヨリ北蔵（寛元）」に顕現する。

邦仁（後嵯峨）天皇 寛元元年癸卯八月廿三日丙申巳尅、後法性寺（道家）禅定殿下、当寺御参詣之次令蔵開了、此時自北蔵南蔵へ移納了、
但顕真得業日記ニハ自南倉一北倉へ御宝物渡、御覧了云々、　（六八頁）

右の寛元元年（一二四三）時、宝物移動の約三分の二までは、『別当記』の寛喜三年（一二三一）別当就任覚遍条の、

此任中ニ、……九条禅定殿下賢息道家御参両度、後度自北蔵南蔵へ御宝物被移之、……

に該当しよう。それを、「顕真得業日記」を典拠にして明確に「但し顕真得業日記には南倉より北倉へ御宝物を渡」すと、追記する。ここまでの記載は他にもよく見られる書き様で特段検討を要する程でもないが、右に続いて、

同日記云、御宝物以中綱・仕丁被渡宝光院へ、当寺別当蔵ニ御ス、……禅定殿下宝光院宿、興福寺々家（円実）御下向、御息也、松立

院宿、当寺別当（覚遍）光明院政南院宿、　（六八頁）

と詳細に記載する姿勢に注目したい。何故なら、右の全体の筆致は、編者が他記録書の記述を顕真記録で以て訂正しているのは明らかである。(29) つまり、編者が顕真記録に真（＝正当性）を置いている証しとなる。

二点は、顕真記録十六「項目」と法隆寺南北朝期諸記録書との比較である。この作業には、後掲する表一覧「〔要目〕」「項目」「典拠名」と法隆寺諸記録と『大日本史料』との関係」が有効である。先ず、顕真記録十六「項目」と『別当記』との関係を見てみよう。『別当記』は十六項目の中、採用が三項目、不採用が十三項目である。採用・不採用で明確に言えるのは、「古今目六抄」の二例「絵殿始」「行信舎利堂造立」で『別当記』には採用されていないことである。さらに、採用といえども、「上宮王院」（〔要目〕）にて「顕真小草子」は、

天福二年甲午上宮王院西浦御影、従京被奉下、十一月十八日供養之導師璋円律師、……　（六〇頁）

であり、『別当記』は、

天福二年甲午十一月十八日上宮王院　太子御影安置、供養導師璋円律師、山城国桂之御領水田寄進之、以件地利割配四分、一分者供養法之衆日供料、……　（覚遍条）

のように、また、「御塔事」（〔要目〕）にて「顕真小草子」は、

嘉禎三年丁酉塔本仏・井・□（羅）漢像、勝月上人令修造給了、其後宝光院但馬得業尭実御塔内外之修理在之、　（七四頁）

であり、『別当記』は、

嘉禎三年丁酉法隆寺塔本北方涅槃像并脇仕等、皆以加修補并采色功畢、大願主慶政勝月聖人、……　（覚遍条）

である。『別当記』は「顕真小草子」を果たして採用したと言えるか微妙である。大枠で見ると、『別当記』は「法隆寺雑記」に記された顕真記録を参照していないように推察される。

『嘉元記』とは、同書が文和元年（一三五二）と同二年との間に「顕真得業小雙紙」を十三項目竄入する事例を素材とする。このうち「西園寺実氏弓削庄寄進」が、「法隆寺雑記」が「三経院事」（「要目」）にて左のように典拠名を明記しないが、

仁治三年壬寅秋八月、依寺僧申并依前右大臣実氏御寄進志、於水田者一向寺家御沙汰、一向寄入法隆寺所当五十石云々、河内国弓削庄也、（七七頁）

であるのに対して、『嘉元記』は、

仁治三年壬寅秋八月、依寺僧申并依前右大臣実氏御寄進志、於水田者一向寺家御沙汰、一向寄入法隆寺河内国弓削庄也所当五十石云々、

であり、これは同一である。なお、「西園寺実氏弓削庄寄進」は『別当記』とも同一である。三書とも同一であり、「雑記」と『別当記』は典拠名を記さず、『嘉元記』のみが「顕真得業小雙紙」と記す。「雑記」が必ずしも典拠名を全て明記するとは限らない例となる。

右から、本「雑記」の「顕真得業小草子」と『嘉元記』の「顕真得業小雙紙」との関係を云々すれば、草子と雙紙の違いを別として少なくとも同一とは思われないようである。それに、名称からして「顕真小雙帋」「顕真小草子」もこれに準ずるか。

顕真記録と南北朝期法隆寺の史書との関係を摘述したが、結局は顕真記録を『別当記』『嘉元記』（「顕真得業小雙紙」より十三項目を一括竄入を除いて）は引用していない、と見なされる。ということは、南北朝期法隆寺の史書において「法隆寺雑記」のみが顕真記録を採用していたという結論に至る。加えて、本「雑記」中の顕真記録は、前掲した二例と「西宮南宮広田等移」（「項目」八〇頁）を除いて法隆寺史における逸文ということになる。

このように「法隆寺雑記」の顕真記録と南北朝期史書との関係を探ると、『別当記』『嘉元記』は鎌倉中期から伝承された顕真記録を使用していない。ということは、本「法隆寺雑記」編者は、『別当記』『嘉元記』に使用されない「顕真記録」を以て、『別当記』『嘉元記』とは異なる史書を指標したこととなる。ここに、編者が諸記録断片で「顕真記録」を最多に使用した意図、つまり重視する姿勢の一端を見抜くのである。つまり、「雑記」が顕真記録に真を置く顕真記録観が見えてくる。

右二点から、顕真記録に真(＝正当性)を置く「雑記」編者の顕真記録観は明らかとなった。

顕真記録の継承者

右のような顕真記録観を以て斬り進むと、本「雑記」の記録筆記において特異な注記が気になる。それは「龍田夷御事」(要目)の末尾に、

　已上顕真得業日記ニ在之、正本実乗方ニ在リ、　(八〇頁)

とある「正本実乗方ニ在リ」である[30]。正本＝原本が「正本金堂ニ在之」(『寺要日記』十一月冊子)のように某所にありというのは知られるが、本記録のように〝某にあり〟という表現は他の記録書に見出せない。この一行から、「雑記」編者が「顕真得業日記」を「正本」と記す所に顕真記録を重視し、それを所持している実乗を評価している姿勢を読み取るのは容易である。この真意を探ろう。

「顕真得業日記」の所有者円信房実乗は、堂衆(非学道)から学衆に転じた、鎌倉末期・南北朝期の法隆寺密教推進僧で、かつ「実乗本別当記」をはじめとして諸記録を書写していることを明らかにした[31]。前者に関しては、顕教を素地に仁和寺僧の奝遍(玄光)より聖霊院で伝法灌頂を伝授され真言密教に精通し、それを印実等に伝授した顕密僧であ

る。そして、諸院の宝光院主の系譜を、

隆詮━顕真…実恵─湛舜─実乗━印実（━は師弟関係）

と示す(32)ことができる。これは、法隆寺密教の供養法衆の一系譜でもある(33)。つまり、約百年の懸隔はあるものの、顕真と実乗とは密教僧で供養法衆、そして宝光院主において連なる。

後者に関しては、諸記録を左にその後補充した文献を加えて一覧に呈する。

図表2　実乗筆写本等一覧（案）

文献名	筆写年	出典	奥書等
大湯屋功徳湯日記案	元徳三年（一三三一）	法隆寺蔵八函2号	実乗日記ヲ書写
理趣三昧作法	建武元年（一三三四）	『平成十四年度法隆寺秘法展』	書写了　実乗
法隆寺別当記（実乗本）	貞和三年（一三四七）以前	『影印本　法隆寺史料集成　三』	実乗
法隆寺田畠配宛日記	貞和三年（一三四七）	法隆寺蔵甲函2号	書写了　実乗

（付）実乗没後引用された文献（案）

文献名	執筆年	出典	文言
太子伝玉林抄	文安五年（一四四八）	『法隆寺蔵尊英本　太子伝玉林抄』五-二四頁	南大門実乗財物日記云
法隆寺良訓補忘集	享保年間（一七一六～三六）	『続々群書類従　第十一』五四三頁	実乗日記曰

この一覧より、実乗は記録に通暁していると見なして差し支えあるまい。しかし、大半が外典であることに注意を要する。

寺院内において、記録・書物の伝承の重要さを多言する要はあるまいが、本稿に即して確認しておく。顕真の重大関心の一つに、師隆詮に関して記した「秘事口伝等抄物等隆詮五師自智勝五師之手令相伝[34]」という「相伝」意識がある。また、いわゆる天王寺の『太子伝古今目録抄』の表紙に、

伝写本寺宗樹
伝領北室叡実
相伝北室乗海
法隆寺俊厳[35]

太子伝古今目録抄

と連記されているように、書籍の「伝写」「伝領」「相伝」、それに所有者が特記される[36]。このように記録・書籍の継承は、法隆寺内においても信仰の継承に重要な要件であった。加えて、顕真の稿本は寺内において「神聖視」され鎌倉末期から室町初期には聖霊院に安置されていた[37]。

上記を前提に、実乗が「顕真得業日記」を所持している真意を推察しよう。鎌倉中期から南北朝期にかけて法隆寺では太子信仰の鼓吹僧顕真の記録が崇拝され、かつ太子信仰の書物の相伝が師資相承のようになされていた。かかる状況下、顕真と実乗は、百年の懸隔がありながら、宗教上では共に顕教の素地に密教徒＝顕密僧で供養法衆、宝光院主であり、記録書上では顕真は法隆寺諸記録の集成者、実乗は諸記録の書写者である。この一方の実乗が、もう一方の崇拝されている顕真の記録を所持しているのである。

したがって、前掲の一文から、実乗が顕真の記録を崇拝し、その継承者を任じていていたのではないかと、推測される。これを関知した「雑記」編者が特別に注記し、顕真記録の継承者、つまり顕真を継承する正統性の具現者として実乗を是認かつ評価する顕真記録観を所持する、と想定するものである[39]。

三　逸文の意義付け

本節「三」では、「雑記」の特徴の一つである逸文を採り上げる。その方法は、結果として逸文となった事象の顕著な例を摘出して、それを法隆寺史ないし南都仏教史等に位置付ける。

分析する手法として、先ず、一「項目」全体が逸文のものと一部が逸文のものとに分け、さらに各々を典拠名の有無に分けて叙述する。

「項目」全体が逸文

これは、「「要目」「項目」「典拠名」と法隆寺諸記録・『大日本史料』との関係」の＊に該当する。この＊の項目のうち、『大日本史料』に収録されていないものは新史料となる。

【典拠名有―嘉禎二・四年寺宝上洛の意味】

右は「御舎利堂事」（「要目」）の、二つの「項目」からなり、一事象としては、最も長文となる。地味な本記録の中で脚光を浴びている。敢えて評すれば、「法隆寺雑記」の白眉であろう。しかし、一筋縄では収まらない内実を秘めている。厳密には、前「項目」は逸文であるが、後「項目」は稿本に一部（後掲）書されている。前者を重視してここで扱う。

嘉禎二・四年（一二三六・八）の二度に亘って法隆寺が、朝幕関係の実力者九条道家の兄で太子信仰に篤い天台僧慶政の助力により実現させた大催事である。その骨格は、前度の「裏絹」で表装するために『法華義疏』、後度の南無舎利を始めとする寺の最重物を京都へ運搬し、その拝見を含めた一部始終の詳細な記録である。その拝見者は、図表3「嘉禎二・四年　法隆寺上洛寺宝拝見者略系図」のように朝廷女院・摂関家・幕府要人等である。出典は顕真の「顕真小雙帋云」と明記されている。これには、二点の問題点がある。

その一点は、「顕真小雙帋云」引用は微妙な書き方をしていることである。本雑記の典拠名とその記録の記載方の基本形式は、例えば、「西円堂顛倒」の「古日記云、……〔記録〕……顛倒云々、」（七八～九頁）であるが、ここでは「顕真小雙帋云、嘉禎二年……法花義疏御上洛……御随喜云々、」で終り、改めて「同月十九日上洛……」と続き、そして二年後の「嘉禎四年……太子宝物可令□(上)洛……無布施云々」とあって、更に「次日十三日、六条泉楊門院、……皆東路也」（五七～九頁）で締め切る。全てが京都での重宝拝見であり、文体から判断して、「……皆東路也」までを「顕真小雙帋」からの引用と考えられる。因みに、『大日本史料』（第五編之十、六九〇～九一頁。同編之十一、九三五～三六頁）も同様に理解する。

もう一点は、この記事を最初に引用した荻野三七彦氏は使節の一員たる顕真の略歴に援用し(40)、これを継承した武田佐知子氏は『法華義疏』に加えて、稿本から「唐本御影」をも表装が改められたと、卓見へ展開させた(41)(42)。荻野氏の先駆的な見解、それを進展させた武田氏の高論ではあるが、即座には納得しかねる。なぜならば、出典が顕真の「顕真小雙帋」と先の「唐本御影」の「西松慶政上人勝月房為令久故、御裏押絹給、其時表紙令賛(替)錦給、嘉禎四年戊戌八月十四日近衛殿下(43)」のみで、今のところ他に見出せないからである。ここに二点目として大きな問題が存するのである。

拝見者が荻野氏の言う所の「当時社会の最高階級にある人々(44)」を動員した寺宝拝見であれば、他に、特に法隆寺内で記載がない意味は軽くはない。まして、顕真の記録には全面的に信頼がおけないことは、荻野氏が洞察し(45)周知の事実となった。にも拘らず、何故かこの記事に関しては、かかる観点から両氏ともに問題視されていない。そこで、記

事と典拠に関して、最低限度の史料批判を試みる。これに関して箇条書きすると、
①両記事とも『別当記』に記載されていない。『別当記』は上洛を差し挟む前後、慶政の寄進等の記事を詳細に叙述している。この落差が大き過ぎる。
②『嘉元記』は文和元年（一三五二）末と同二年二月の記事の間に、異例の形式で「顕真得業小雙紙云」として嘉禎二年（一二三六）から寛元四年（一二四六）までの記事十三項目を一括挿入しながら、上洛記事を記していない。
③幕府の『吾妻鏡』は、将軍頼経以下北条時房等の上洛記事（暦仁元年（一二三八）二月十七日条他）を詳細に叙述するが、宝物拝見は叙述していない。因みに、太子信仰で言うと、実朝の太子信仰は触れている（建暦二年（一二一二）六月廿二日条）。
④管見の範囲内ながら、貴族をはじめとする現存する当時の日記・記録等からは探し得ない。
等を提示することができる。③④はともかくも、寺内の①の『別当記』、②の『嘉元記』は検討する要がある。
『別当記』に関しては、同記より慶政の記事を列挙する。

寛喜二年（一二三〇）　五月廿三日　夢殿修理勧進
嘉禎二年（一二三六）　四月　八日　上宮王院法華経転読発願導師
三年（一二三七）　四月　八日　万燈会并五百七十坏供養勤行
一一月　日　上宮王院礼堂等葺替供養銭寄進
一二月　日　塔下石段造立供養銭令寄進
〔某日〕　塔北方涅槃像等修補大願主

これらは導師ならびに寺への寄進行為であって、寺宝上洛に比するまでもなく内々の事柄である。事項の選択がい

図表3　嘉禎二・四年　法隆寺上洛寺宝拝見者略系図

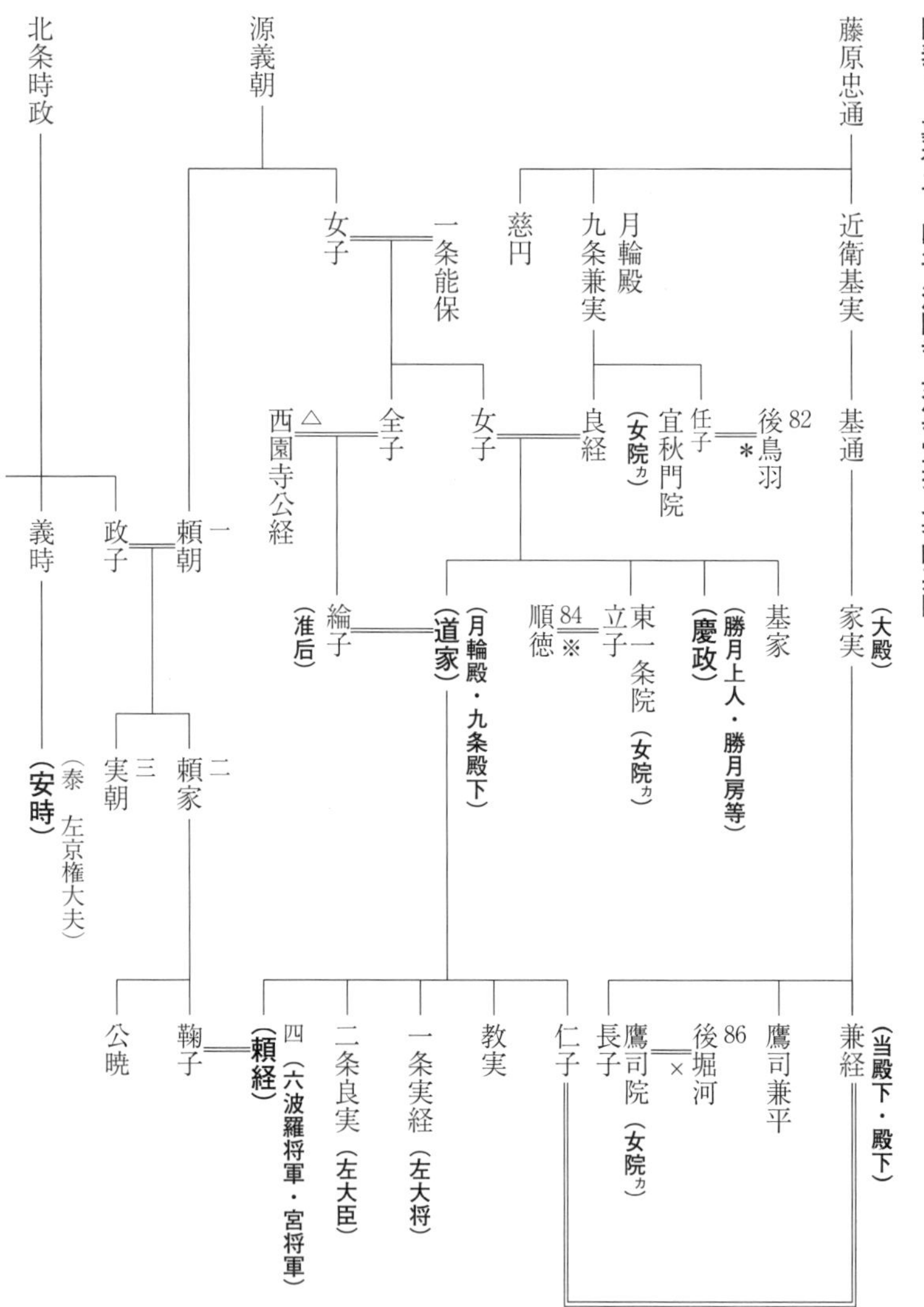

（　）「顕真小雙紙」現出
〈　〉別称
＊※×△は重複印
算用数字は歴代天皇代数
漢用数字は鎌倉将軍代数

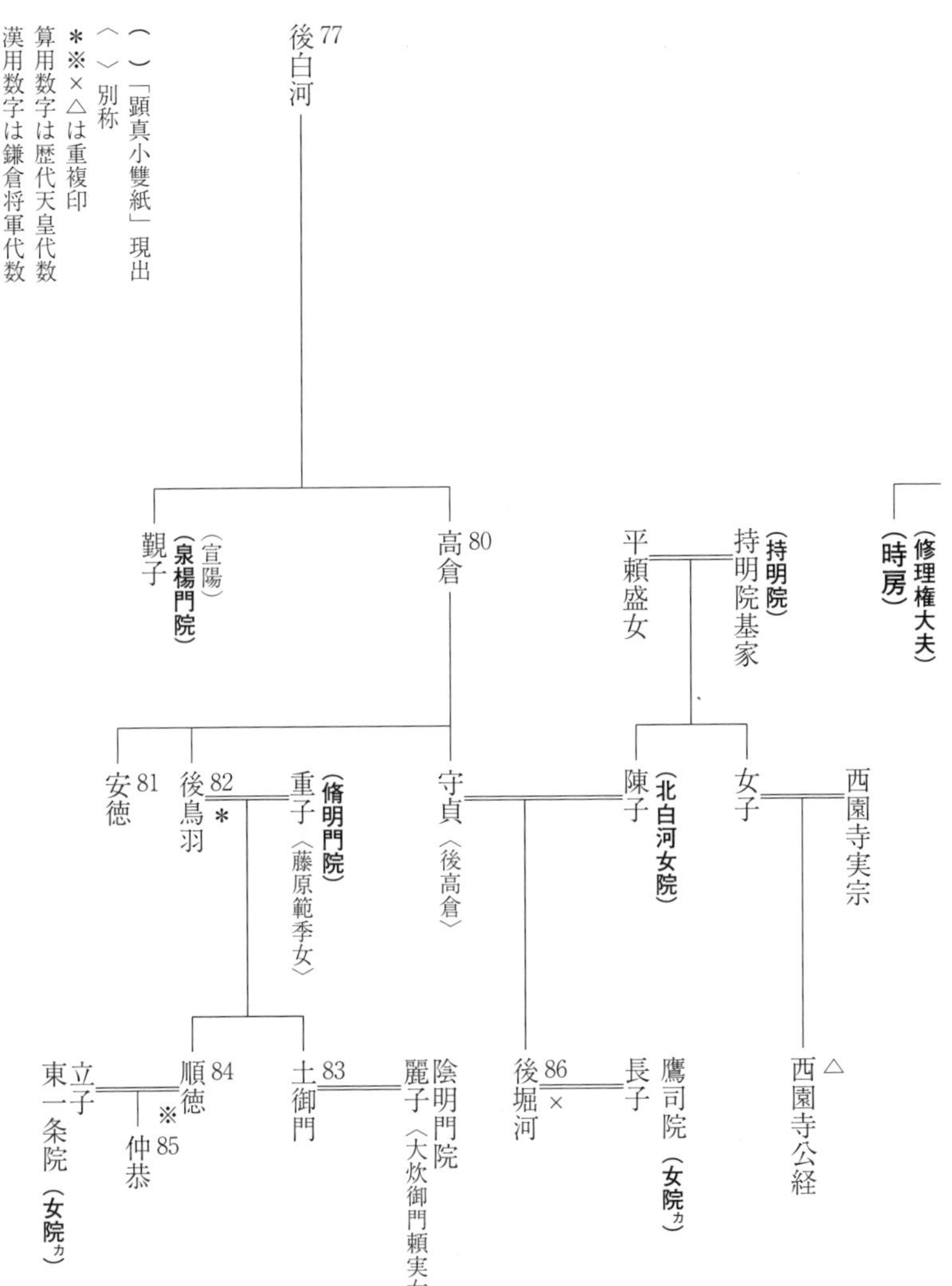

かがか、と思わざるを得ない。

『嘉元記』は嘉元三年(一三〇五)以降から始まるので、この掲載方は年代的に前にさかのぼり、かつ略述した如く一挙挿入するので、二重に破格である。敢えて導入しながら上洛記事がないのである。それも同じ嘉禎年間の、

嘉禎二年(一二三六) 此歳聖霊会行われず

三年(一二三七) 四月 八日 勝月房(慶政)上人講堂前において万燈会

七月 舎利堂前高蔵殿において、千部法華経転読せしむ

を挙げながらである。これも不可解と言わざるを得ない。さらに、巻頭の「目次」(『改定史籍集覧』)に記入されていない。他の挿入記事は記載されている。

また、『嘉元記』に記された十三項目のうち、六項目が『別当記』に採録されているようである。ようであると表するのは、両書の間で文章が大いに、または微妙に違っているからである。そういう中にあって、嘉禎三年七月の上宮王院での法華経千部転読ただ一点は、『嘉元記』の、

同(嘉禎三)年丁酉七月、於舎利堂前高蔵殿、千部法花経令転読、九月十八日、至五十ケ日結願、……

と、『別当記』の、

嘉禎三年丁酉七月、於舎利堂前高蔵殿、千部法花経令転読、九月十八日、至五十ケ日結願、……(覚遍条)

と、ほぼ同一である。ということは、『別当記』の編者は直接「顕真得業小雙紙」からか、『嘉元記』からかは分からないが、「顕真得業小雙紙」を存知していたと見なして、大過あるまい。これにより『別当記』の編者も『嘉元記』の編者も、「顕真得業小雙紙」の存在を関知していたこととなる。

ここで問題となるのは、「法隆寺雑記」の「顕真小雙帋(草子)」「顕真得業小草子」と『嘉元記』の「顕真得業小雙

紙」が同一か否かである。同一ならば、両編者とも上洛記事を敢えて採用しなかった、否ならば何とも言いようがない。前者からは両編者は「顕真小雙帋」の上洛記事を捨象したこととなる。換言すると、「顕真小雙帋」に書き残された鎌倉中期の壮大な催事たる寺宝上洛記事は、南北朝期の法隆寺の主要な史書において除去された、と想定される。これは、寺自体の名誉と太子信仰にとって価値ある重要な事象を捨象した歴史編集意識と捉えられる。上記記述を重大視する限りにおいては、少なくともここまでの史料批判作業が必要であろう[46]。

この上で、南北朝期の法隆寺にあって史実選択においてかくなる行動をとらせたのは何か、その意味付けはという、次なる課題が生ずる。これには、前節「二」で詳述したように、『別当記』『嘉元記』が顕真記録を採用しない営為と揆を一にしていよう。要するに、鎌倉中期の寺宝上洛という事象に対して、約百年後の南北朝期に「法隆寺雑記」と『別当記』とは史実選択に逆の操作をしているのである。

右の寺宝上洛事例は、これまで述べてきた顕真記録を「雑記」は採用し、『別当記』は回避の態度をとったことの象徴といって差し支えあるまい。つまり、両書の顕真記録に対する歴史認識の相違そのものの反映であったのである。

翻って、今日から上洛記事の存在の有無を憶説すれば如何であろうか。これには、現存する『法華義疏』の形態がひとつのヒントを与えてくれる。『法華義疏』の聖徳太子真筆説を主張する一人の石田茂作氏が、左のような疑問を呈している。

> 巻一はその後半を白薄絹を貼って補強し、他の巻二・巻三・巻四は表紙全面に白薄絹を貼り、……巻二と巻三の見返の右下に当って、法隆寺の朱印(竪一寸五分、横一寸)のある紙片を貼り、而もその上にそれぞれ法隆寺と墨書している。墨書の字は鎌倉時代、朱印もその頃のものと思うが、それにしても、何故そんなものをここに貼らねばならなかったか。義疏四巻のそれぞれに朱印があるならまだよいが、巻一巻四になく、巻二巻三にだけある

事は不可解である。(47)

石田氏の詳細な調査報告のように、傍線部の「墨書」「朱印」を「鎌倉時代」とするならば、それに対応ないし近接する史料は、現在までのところこの厳密には「顕真小雙帋」しか見出せない状況にある。かく確認して、「顕真小雙帋」の嘉禎二年(一二三六)の上洛を『法華義疏』全巻の「御裏絹為奉押」とし、加えて「四巻之内、先初・後両巻」を第一巻・第四巻、「残二巻」(五七頁)を第二巻・第三巻と比定すれば、石田氏へのひとつの応えの体をなしていよう か。これが当を得ていれば、少なくとも嘉禎二年の上洛記事に真を置けることとなる。(48)

【典拠名無─綱封蔵盗人と箸尾氏と法隆寺】

文永十一年(一二七四)の右事項の「綱封蔵へ盗人」(「要目」「綱封蔵事」)は、『別当記』には、

文永十一年甲戌正月廿日夜、綱封蔵盗人入、種々宝物盗取了、(玄雅条)

と記される。実は、この盗難事件は、周知の信如による天寿国繡帳発見に絡む。(補注) これを押えた上で、『別当記』は右記載のみであるのに対して「法隆寺雑記」は上記以下約五行にわたっての長文である。加えて、黒幕の如く扱われる箸尾氏を『別当記』では完全に欠落させているので、「項目全体が逸文」に準じて扱うこととする。

この記事を一読して、約二十五年後であるが既知の延慶三年(一三一〇)法隆寺蓮城院強盗に際し、法隆寺による寺辺十七ヵ所への牒送(『嘉元記』)が連想される。(49) 落書で犯人とされた法隆寺僧因幡法橋と賢定房が寺辺の大乗院方衆徒小泉氏の一党である事実から、坂井孝一氏によって小泉氏が関わっていることが明らかにされている。(50) その上で、十七ヵ所牒送の解文銭(懸賞金)を放つ総額は三十五貫文であるのに対して、こちらは五十貫文である。この額からして、法隆寺にとって被害甚大な盗難事件であったのは明らかである。

本解説では、大和川対岸(法隆寺の寺辺に準じて考える)(51)を拠点とする一乗院方国民の箸尾氏を核にして読んでいく。

名前が列挙されているのは「搦手箸尾右衛門尉・春迦殿」と「箸尾右馬入道」（六九頁）の三人である。永仁六年（一二九八）十二月五日付「大和国西大寺田園目録」（西大寺文書『鎌倉遺文』二六－一九八九三）に、その一部に箸尾氏が記載されている。

十市郡廿条四里四坪内四段字飯高

文永八年辛未八月十六日僧定春箸尾備前公寄之、

（中略）

広瀬郡十五条二里廿七坪内一段自南四段目、字タエ田、

建治元年戊寅(ママ)三月二日藤原二子箸尾右馬入道息女　光明真言修中僧食料寄入之、

因みに、広瀬郡十五条二里二十七坪は、磯城郡広陵町の近鉄田原本線箸尾駅付近である。(52)「箸尾氏系図」(53)からこの時期前後の箸尾氏系譜を「箸尾氏略系図」として左に示す。

図表4　箸尾氏略系図

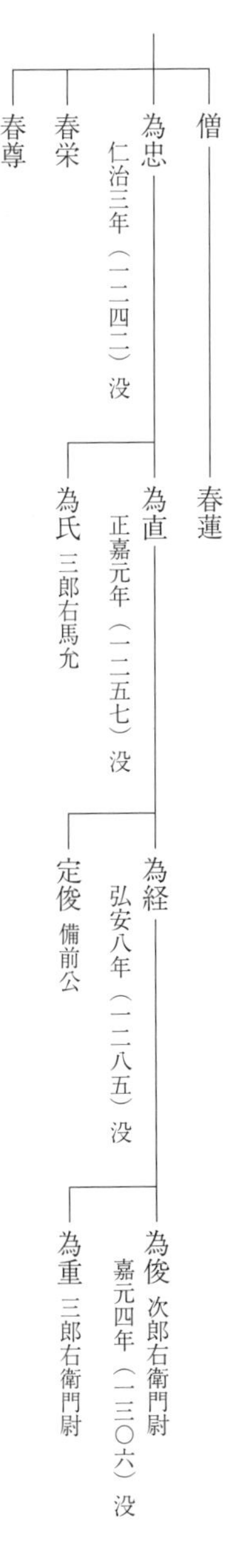

本「雑記」の「箸尾右衛門尉」は「略系図」の「為重　三郎右衛門尉」に、同じく「箸尾右馬入道」は「大和国

西大寺田園目録」の「箸尾右馬入道」ないし「箸尾氏略系図」の「為氏　三郎右馬允」(の周辺)に比定されようか。それに「春迦殿」は「箸尾氏略系図」の「春栄」「春尊」「春蓮」の周辺に比定されようか。このような作業を最低限度の前提に、本文を精読していこう。

仏具の盗人を捕縛したのは箸尾氏一族箸尾右衛門尉と春迦殿の二人である。その一人春迦殿が解文銭二十五貫文を得た。盗難仏具の一部が箸尾右馬入道の屋敷門付近に捨てられていた。そして、八葉鏡の出てきた与楽寺(奈良県広陵町)は、箸尾氏と因縁のある寺院である。その一例を示すと、これより二十五年後であるが、春日社の神鏡盗取事件(正安三年(一三〇一))で、七面の神鏡を金勝寺(大和高田市)から箸尾氏が移送した寺院が与楽寺(54)である。箸尾氏の歴史的動向を勘案すると、これは大和川対岸の箸尾氏の起した自作自演のように思われる。

というのは、時間的には逆だが、前述した法隆寺蓮城院への強盗事件の小泉氏関与が連想されるからである。よって、文永十一年(一二七四)の「綱封蔵盗人」事件は箸尾氏が関与しているように推考する次第である。上記推論が成り立つならば、鎌倉中・後期において法隆寺は周辺の国民・衆徒によって、盗難事件を引き起こされている、と考えられるのである。

この意味から、先に記したように法隆寺の南、大和川対岸を法隆寺の寺辺に準じて捉えたいのである。それも、従来は法隆寺と寺辺武士との関わりは、東の国民小泉氏と西の衆徒龍田氏と、この両氏を絡めた大和国の六党の戌亥脇党との観点の研究(55)が主であったことを考慮した上である。とすると、両氏より格上である南の衆徒箸尾氏に視野を拡げる要を示唆する本記事は、史料的価値を持つ。史実選択に視点を絞ると、「雑記」は箸尾氏による盗難事件を書するのに対して、蓮城院強盗事件を『別当記』は全然記載せず、本盗難事件も箸尾氏を記さない記載方から、『別当記』は周辺武士による盗難事件を忌避する傾向と察知される。

「項目」の一部が逸文

一項目の内容の一部が『別当記』『嘉元記』等に記載されているものの、残りの部分が逸文となるものを掲げる。前掲した「〔要目〕「項目」「典拠名」と法隆寺諸記録・『大日本史料』との関係」の☆に該当する。

【典拠名有—「舎利堂盗人〈建治〉」】

「御舎利堂事」（〔要目〕）の建治三年（一二七七）「舎利堂盗人〈建治〉」（〔項目〕）を示す。

奘重小雙帋云、建治三年丁丑二月廿四日、御舎利堂ヘ盗人入テ通仏・御鉢等盗取了、実相上人生馬ノ行基ノ御舎利ヲ奉入、七ケ日可有逆修トテ始行、第二日ニ如是盗人出来之間、行基勧進止テ一向御舎利堂用途ノ為ニ七日逆修云々、（五三〜四頁）

『別当記』と「御鉢等盗取了」までは同一である。「実相上人生馬ノ行基」以下が逸文となる。

現在、これを史料批判する材料を用意することはできないが、この事象は実相（円照）に関しては加藤優校訂『東大寺円照上人行状』(56)、また行基に関しては井上薫編『行基事典』(57)等には見えない。かつ、建治年間は『大日本史料』は未刊行なので新史料となる。

ならば、本「雑記」には珍しく南都仏教史、そして太子信仰、行基信仰に波及する新事例となるカ。

【典拠名無—吉祥御願始】

ここの逸文は短い。『別当記』には、

承暦二年戊午正月八日、始吉祥御願金堂申開、公家被移渡行、即供僧十人、……（能算条）

である。「雑記」は「金堂事」（〔要目〕）で、

承暦二年戊午正月八日吉祥御願始之、薬師寺前別当所為也云々、（七二頁）

である。この記載は、承暦二年（一〇七八）前後、一連の金堂改革で吉祥御願（修正会）が講堂から金堂へ移動する事象である。これに関しては、「金堂仏像等目録　金堂日記Ⅰ」に、法隆寺が金堂を開放するに当って南都寺院を尋ね歩き、「如彼薬師寺金堂被置検校・別当・五僧十僧并又堂司・堂童子等(58)」とあるが、「薬師寺前別当所為」は記されていない。管見の範囲内ながら、この動向の中での前別当（承暦二年時の前とすれば真円(59)）に関しては法隆寺および薬師寺に関連史料は見出されないことを断っておく。法隆寺金堂開放・金堂吉祥御願御行始行において前掲堂僧等はほぼ採用され、中世において遵守された。なお、薬師寺は前別当以下が全面的に法隆寺の中世開始に関わっていると(60)、理解されてくるのである。この意味では、右の一語は重要である。

以上は、いわば公的な『別当記』、そして『嘉元記』との関わりで逸文を検討したが、その両書には見られないことを踏まえた上で、さらに顕真の『聖徳太子伝古今目録抄』他との関係での逸文の検討も要請される。その一例に、「もうひとつの逸文」として「三教房葛城龍王勧請」（「項目」）を示す。

【もうひとつの逸文―龍池と葛城龍王と隆詮】

本事例の本文は「龍池事」（「要目」）で、

一、龍池事、宝光院之本願主安位之三教房（大真言師也、権者歟云々）、葛城（カツラキノ）龍王ヲ当山ヘ勧請シテ奉祝云々、（八〇頁）

という短文である。稿本本文に、

花山去寺六七丁、其山中自建久之比、儲池（龍）池奉勧請(61)、

と、その裏書に、

此龍王名（勧）請者、当寺五師一﨟大法師隆詮（宝光院々主也、真言師也、八十九入滅）(62)

とある。さらに、顕真自筆の「法隆寺花山龍池縁起」に、

建久八季歳次丁巳、当九夏天旱魃、河枯渇鱗失命花山野焚焼……当寺衆徒和議之勧請龍神（掘構霊池）、可祈請……以五師大法師隆詮為上首伴僧撰定、……[63]

と見える。右三記事は顕真の記録であり、かつ隆詮が顕真の師であることから、顕真の世界であることを確認しておく。よって、前掲本文は顕真の世界に「安位之三教房」「葛城龍王」を補っていると見なしてよかろう。とすると、「安位之三教房」が隆詮であること、龍池が「葛城龍王」から勧請された二点を新たに教示してくれる。

「葛城龍王」は、佐藤虎雄氏の「葛城山」の「龍王社」の、

天神社の南方の山懐に杉・桧の一叢があって、竜王社をまつり池から清水が滾々と湧出している。この冷水流れて櫛羅（くじら）滝となる。旱天にこの竜王に祈れば効験があるという。[64]

に該当しよう。要するに、法隆寺の雨乞いの修験・密教祈禱地である龍池が、雨乞の霊験あらたかとされていた葛城天神社（奈良県御所市）の「竜王社」から、隆詮によって勧請されたことを教示する。ここに初めて、龍池の原点が葛城天神社の竜王社であったことがわかる。したがって、本記事は葛城修験と法隆寺龍池および修験本拠蔵王堂との関連を考える一つの根拠を与えてくれる。[65]

「雑記」の記事から龍池が「葛城龍王」から勧請されたことを察知するのであるが、顕真が何故か稿本、顕真記録等で言及していない。このことは、本「雑記」編者が顕真の世界に一歩踏み込んだ一面を示していよう。ここには、「雑記」編者の顕真記録観が特徴的に顕現した歴史意識の表出と推察するものである。

さらに、前述した一連の建久年次の龍池造成ないし勧請は、『別当記』『嘉元記』（悔過谷池と絡めて、「奘重小雙帋」より文永十年（一二七三）龍池築を引く）の世界からは窺われない。[66] 鎌倉後期から南北朝期の龍池における雨乞いの盛況振り（「請雨旧記」甲函17号　東大史料写真帳　6115.42-5）を視野に入れると、この対称は無視できない。要するに、龍池

造築の建久年次に限定しても、本「雑記」に記載された顕真記録を含めて『別当記』『嘉元記』が否定する構図は、前述した寺宝上洛と同様である。

本節「三」を終えるに当って、逸文の意義付けにおいて二点触れておく。一点は本「雑記」は他史書を部分的に補充する一方、それが本「雑記」を史書として充実させている証しとなることである。もう一点は『別当記』『嘉元記』が顕真記録を回避する姿勢が顕著であることを改めて確認させる。この回避の姿勢に、筆者はひとつの試案を抱いている。それは、法隆寺内で顕真死後において顕真自身が聖徳太子の侍者・調子丸を始祖とする「調子丸一流」たる顕真系譜に対する見方が二派に分かれる動向である。その一例を挙げると、室町期成立「法隆寺政所并法頭略記」(67)は「調子丸一流」たる顕真系譜肯定の立場、逆に『大日本仏教全書』本『聖徳太子伝私記』(室町期書写)(68)は否定の立場で叙述されている。これを「顕真系譜論争」(仮称)(69)と捉えている。『別当記』『嘉元記』の顕真記録回避はこの線上に位置付けられよう。右に依拠すると、本「雑記」編者は顕真の「古今目六抄」「顕真小雙帋」「顕真得業日記」他を頻繁に使用している態度から、顕真系譜肯定の旗手と目される。よって、この顕真系譜肯定と前節「二」の顕真記録に歴史認識の正当性を置く顕真記録観は同義語に近い。

この論理に従えば、前節「二」の「顕真記録の継承」における実乗は、肯定派を実践する行動となる。

むすびにかえて――南北朝期法隆寺四史書とその時代を眺望する

「法隆寺雑記」を南北朝期法隆寺第四の史書と位置付けて、本「雑記」を含む四史書の構造的特徴を摘出する。加えて、四史書の編纂された南北朝期を新らたな視点から照謝する。

法隆寺諸史書と『法隆寺伽藍縁起并流記資財帳』

実は、前掲した南北朝期史書四書には、秘められた共通した事実が存している。

それは、法隆寺のまとまった最古の記録である『法隆寺伽藍縁起并流記資財帳』(70)（以下、『資財帳』と略記）が「法隆寺雑記」を含めて史書四書に使用されている形跡が窺われないことである。これは、南北朝期法隆寺の史書を分析する重要な切り口となろう。何故なら、当該時期法隆寺僧の歴史意識に、別当設置以前の歴史と聖徳太子への歴史的関心は如何なるものか、という二件の重要課題を生起させるからである。

これに立ち向うには、現存する『資財帳』を悉皆調査された石上英一氏が、

法隆寺資財帳は、「法隆寺伽藍縁起」の撰述に利用されてより後は、十三世紀後半から十四世紀初にかけての頃に、その縁起文第三段が寺領問題などで再び利用されるようになるまで、寺庫にしまいこまれ寺内にもその存在は知られていなかった。(71)

と、明言されているような、寺内での鎌倉後期から南北朝期かけての『資財帳』の扱い様が有効である。ここで言及される「法隆寺伽藍縁起」を引いた「寺領問題」とは、中世法隆寺の財政を担った播磨国鵤庄の境界争論に関する延元元年（一三三六）四月付「寺領顛倒注文」（「播州鵤庄訴状案」）である。その一部を示すと、

一当寺流記文

戊午年四月十五日、請　上宮聖徳法王令講法花・勝万等経岐、其儀如僧、諸王公主及臣連公民信受無不喜也、……播磨国作西地五十万代布施奉、……(72)

である。

これより、南北朝期には『資財帳』が経済問題には利用されていることを確認できる。この利用の実態は、『資財

帳』が「資産管理台帳」として作成されたとする上原真人氏の見解(73)に従うならば、妥当な使用法となる。

右の記述を踏まえて論を進展させていく。当該時期の史書の編者は、前代の記録として『資財帳』を存知していた、と認識して差し支えあるまい。これを前提とすれば、中門仁王像について、『資財帳』は、

合金剛力士形弐躯　在中門

右和銅四年歳次辛亥、寺造者(74)、

と、金剛力士が像造された和銅四年（七一一）の原点記事を明記する。しかし、本「雑記」は「中門二王事」（「要目」）で、

一、中門二王事、永久三年乙未三月廿七日夜、中門金口盗人取了、……　（七〇頁）

から始まっている。「法隆寺雑記」は略述したように基本的に『別当記』に負っており、

永久三年乙未三月廿七日夜、中門金口鐘盗人取了、　（経尋条）

と、ここでも、『別当記』の経尋条の記事を踏襲する。よって、「雑記」は『資財帳』に眼が向いていないというより、『別当記』が『資財帳』に眼が向いていないということになる。この事例を含めて、南北朝期の四史書はほぼ全て同様である。

したがって、四史書は『資財帳』を利用しなかった、と理解する結論に至らざるを得ない。この裏には、当該時期において『資財帳』が元来資産管理台帳であり、記録ないし史書は史料としては使用しないという認識があったか。諸ならば、法隆寺僧が荘厳物の変遷を視野に入れながら、資産管理台帳の一部をなす聖徳太子時代と認識する荘厳物には視野が及ばなかった、と理解される。のみならず、南北朝期法隆寺の歴史認識には、聖徳太子以外法隆寺の原点には向かわなかった、という理解に導かれる。この推考が的を射るなら、南北朝期法隆寺の歴史意識および太子信仰を

この観点から見直すことが要請されよう。

なお、「法隆寺東院縁起[75]」（平安中期以降成立）は、利用されている。詳細は、後掲「「要目」「項目」「典拠名」と法隆寺諸記録・『大日本史料』との関係」の「東」を参照されたい。

右のような構造的特徴を秘める四史書の編纂された南北朝期は、法隆寺は前代には見られなかった特異な状況がもたらされていた。それは、別当の「居拝堂」である。

史書編纂期と別当「居拝堂」期

法隆寺別当は、例えば興福寺僧良寛法印のように文保二年（一三一八）に、

院宣案

所被補法隆寺別当也、宣下之旨、且可被存知者、依院宣、執達如件、

七月廿二日

謹上　三位法印御房[76]

と宣旨により同寺別当に任命される。その後「別当御拝堂百ケ日之内」と百日以内に「拝堂」（『別当記』範守条）が義務付けられていた。この拝堂とは、任命された別当が法隆寺に参り、諸堂を巡る儀式である（小別当もこれに準じて拝堂を行う）。これには、新・再任別当が法隆寺僧に饗応や布施物を用意せねばならず、「法隆寺別当補任寺役次第」（南北朝期）中の「公文良玄法橋日記云」に詳細に記録されているように「大僧供」を含めて膨大な負担を伴う[77]。そこで、拝堂を拒否する「無拝堂」を貫徹（『別当記』乗範条[78]）、または別当本人が立ち会う「本式[79]」ではない「略様」の「居拝堂[80]」が、行われるようになった。後者の居拝堂には、嘉元二年（一三〇四）に小別当弁実が施行した「生料」（『別

当記』公寿条）という贈与（曳物・代物）形態がほぼ伴う。前掲良寛はこの居拝堂であった。

この拝堂については、『別当記』の良盛条に詳述され、その有無自体についても同書が歴代を克明に記載している。この記述方を直視する。従来この観点から法隆寺を捉える論考は見られないが、(81)南都寺社関係史(82)および法隆寺史において探究すべき問題と捉えられる。

ここでは「解説」故に点描するに止める。これが挙行された時期を『別当記』から一覧にして、その分析をする。

鎌倉後期・南北朝期　別当の拝堂と曳物一覧　★▲□＋は再任別当　×「或日記」

別当	就任時	拝堂	曳物
公寿★	永仁六年（一二九八）	拝堂	
宗親	嘉元二年（一三〇四）		
公寿★	嘉元二年（一三〇四）	拝堂	半役（小別当弁実拝堂生料）
実聡▲	延慶元年（一三〇八）	拝堂	
隆遍	正和四年（一三一五）	拝堂	
良寛□	文保二年（一三一八）	居拝堂×	
顕親	元応三年（一三二一）	拝堂	
良寛□	元亨元年（一三二一）	居拝堂	
能寛＋	元亨三年（一三二三）	拝堂	
顕観	嘉暦元年（一三二六）	居拝堂	

▲実聡	嘉暦二年（一三二七）	無拝堂	
憲信	嘉暦三年（一三二八）	居拝堂	生料
+能寛	建武二年（一三三五）	居拝堂	生料
良暁	康永三年（一三四四）	居拝堂	生料
範守	貞和元年（一三四五）	無拝堂	
覚懐	貞和三年（一三四七）	居拝堂	生料
懐雅	文和元年（一三五二）	拝堂	居拝堂生料
頼乗	応安三年（一三七〇）	拝堂	

この一覧により、居拝堂が先の文保二年（一三一八）から貞和三年（一三四七）、「居拝堂曳物等生料」の文和元年（一三五二）にかけて挙行されている事実が如実に見えてくる。詳細に見ると、嘉暦元年（一三二六）から無拝堂を挟んで居拝堂が間断なく文和元年まで続行する。と同時に曳物は、全て生料である。更に実態と期間を絡ませると、厳密には頼乗別当就任以前の応安三年（一三七〇）まで居拝堂状態であったことになる。この時点に注目する。

次に、居拝堂期間の歴史的意義である。興福寺僧である法隆寺別当は法隆寺の構造上頂点に位置する。よって、法隆寺の歴史記載の根本である『別当記』は、別当毎に在任中の事象が編年体形式で記されている。とりわけ、本「雑記」は「別当覚遍法印御代」（六三頁）のように別当御代意識が存する。機構上も理念上も核となる別当が、現実の別当治世の始点において、前代にはなかった形式的な居拝堂で繕うのである。このような拝堂の簡略化にも拘らず、鵤庄の年貢から別当への年貢得分額は変更されない[83]。法隆寺要職僧にとってかかる居拝堂は、興福寺末寺といえども興福寺が自寺法隆寺を軽視する以外の何物でもなかった、と推測される。この秩序の動揺を特徴的に顕現したのが、当該時期に前掲した「寺務御拝堂事」「寺務御拝堂注文」「法隆寺別当補任寺役次第」の三点もの「拝堂記」（仮称）編纂ではなかろうか。この積極的な編纂意識は、拝堂が実施されない時代に理念的な拝堂を憧憬した故とも、推察される。

かくして前記期間は法隆寺別当居拝堂期と見なすことが可能となる。

筆者は、前書『南北朝期　法隆寺記録』にて、南北朝期を法隆寺は「天下動乱」と捉える意識が史書を輩出させた由を推論した。さらに、「法隆寺雑記」を含めて、

南北朝期を法隆寺の記録書編纂期と想定したい。厳密には、『寺要日記』を除けば四書は史書の範疇に入るので、史書編纂期と表されようか[84]。

と、記した。この南北朝期＝記録書編纂期＝史書編纂期が、右に明らかにした居拝堂期間にほぼ重なると見て、大過あるまい。ということは、南北朝期＝記録書編纂期＝史書編纂期＝別当居拝堂期、という等式も成り立ち得る。

以上の構図を踏まえて当該時期の大枠を眺望する。寺外の未曾有の「天下動乱」の下で、寺内では前代には挙行されなかった法隆寺を軽視する別当居拝堂・曳物生料が継続された。この寺内の未曾有の状況たる「別当居拝堂」が、社会の「天下動乱」に連鎖する変動の一つと受け捉えられた、と解釈するのは如何であろうか[85]。つまり、「天下動乱」という外的要因に「別当居拝堂」という興福寺からもたらされた内的要因に触発・相乗された危機意識が史書編纂を誘導する一基因になった、と想定するのは強引過ぎるであろうか。

南北朝期法隆寺記録書構造と「法隆寺雑記」

「法隆寺雑記」を含めて、右に展開した南北朝期＝記録書編纂期＝史書編纂期＝別当居拝堂期における法隆寺諸記

録書を鳥瞰して見る。

南北朝期に編纂された法隆寺諸記録書を大きく分類すると、「文芸」「歴史」「法儀」の三種になろう。文芸は「縁起」「太子伝」からなり、縁起は「法隆寺縁起白拍子」（重懐、貞治三年（一三六四））、太子伝は「太子伝見聞記」（重懐、延文五年（一三六〇）、内閣文庫等蔵）である。歴史は「史書」「引付・文書集」からなり、史書は「別当記」「嘉元記」「法隆寺雑記」「法隆寺記録」、引付・文書集は「法隆寺官衙伍師年会所旧記」（甲函16号）「法隆寺置文契状等大要抄[86]」（丁函1号、紙背貞治二年（一三六三））である。法儀は「年中行事記」「法会記」「拝堂記」からなり、年中行事記は「寺要日記」、法会記は「吉祥御願御行記録」「請雨旧記」、拝堂記は「法隆寺別当補任寺役次第」「寺務御拝堂注文」「寺務御拝堂事」である。

これらを大枠として、引用文献から構造的に把握すれば、前述した編纂物全てが、法隆寺の原点が記されている「法隆寺伽藍縁起并流記資財帳」が視野に入っていない点が挙げられる。さらに、本「解説」で力点を置いた鎌倉中期法隆寺僧顕真の「聖徳太子伝古今目録抄」他の顕真諸記録が、「法隆寺縁起白拍子」「太子伝見聞記」「法隆寺雑記」「吉祥御願御行記録」等に重要視されている点を指摘できる。

右を試みに一覧図にすると、後掲「南北朝期法隆寺記録書構造図（案）」となる。南北朝期の内外の激動転換期において、これらを創造したエネルギーはどこから生じたのであろうか。前述したような内外からの危機意識に対峙した法隆寺僧たちが、自らが育んだエネルギーを多方面にわたって結集したのである。当然これには、要望した寺僧たちのエネルギーも加わる。この渦中にあって顕真記録をめぐる角逐もエネルギーを産み出す。このような積極果敢な営為と受容とが、別当を戴く興福寺をはじめとする南都寺社からの借り物ではなく、仏教の原点として歴史を重ねた法隆寺から湧き出た、正真正銘の固有な記録書群を結実させ、外典を主としたかかる知的体系を産んだ。ここに、南北朝期法隆寺は記録書の最盛期を創成したのである。

これを踏まえて、本「法隆寺雑記」の特徴を構造的に分析して終えよう。基本型は法隆寺堂宇別編年史である。堂宇別には顕真編「聖徳太子伝古今目録抄」に近似、編年体には「別当記」「嘉元記」が該当する。このうち「別当記」を堂宇別に解体する。右の基本に立っての姿勢には、諸記録を精力的に収集し顕真記録を最多に使用する、典拠名を多数明記し原典記録を重視する、の二件を指摘できる。基本と姿勢を踏まえて特性を抽出すると、一点に顕真記録に歴史認識の正当性を持たせ「別当記」「嘉元記」とは異なる歴史意識、二点に中世法隆寺諸記録書で個人の所蔵を記す唯一の表現「顕真得業日記……正本実乗方ニ在リ」で顕真記録所蔵者を注記し、顕真記録を特別視する意識、を挙げる。これを法隆寺中世記録書史上に位置付けると、「聖徳太子伝古今目録抄」から「聖徳太子伝」を取り除いた「古今目録抄」の編年体で、堂宇別編年史の嚆矢となろう。

これを図式化すると、下(図表5)のようになる(ここまでは、便宜上、文献名を全て「　」にする)。

「法隆寺雑記」編者は、同じ南北朝期の二史書『別当記』『嘉元

図表5　「法隆寺雑記」の構造図（案）

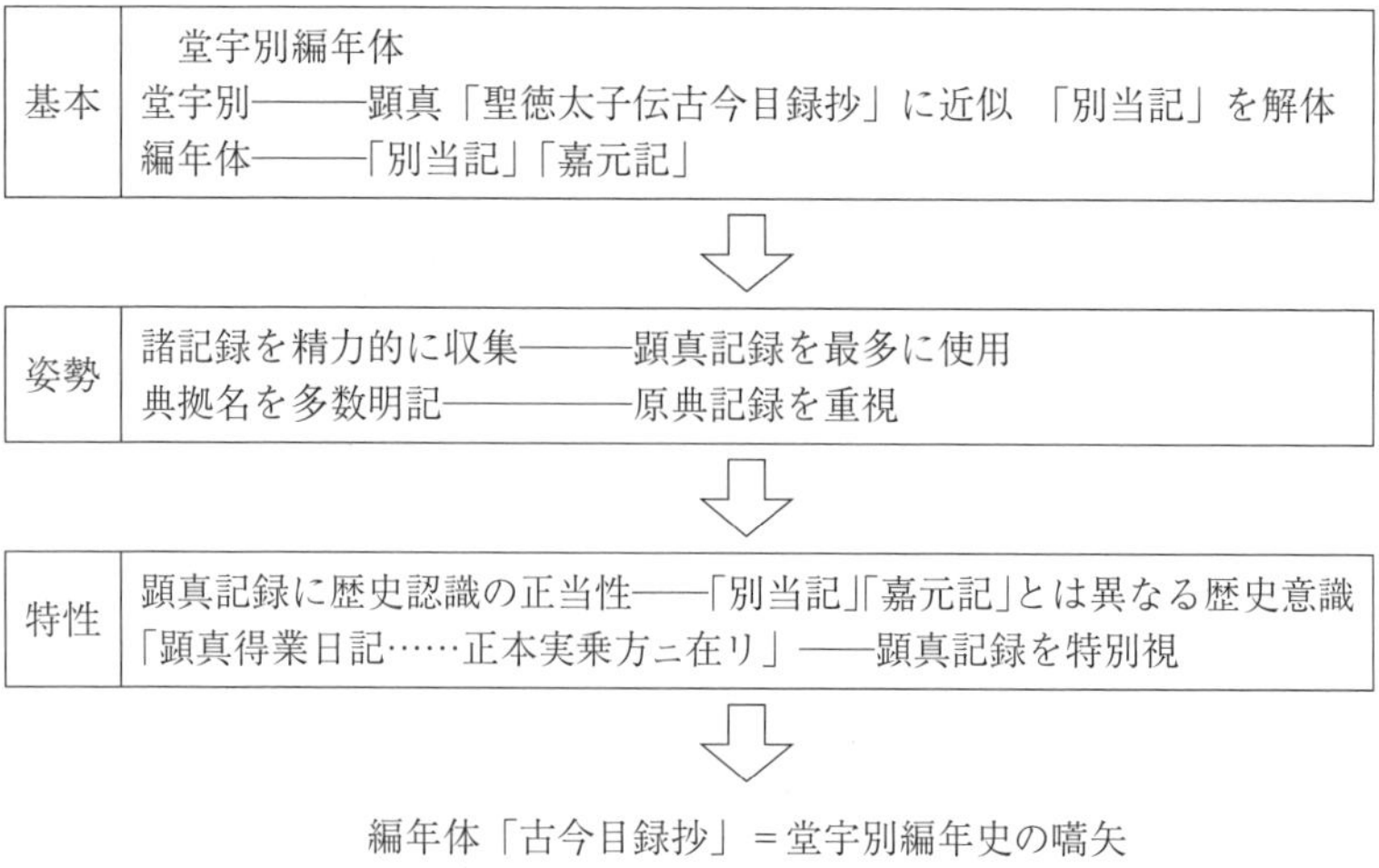

基本	堂宇別編年体 堂宇別―――顕真「聖徳太子伝古今目録抄」に近似　「別当記」を解体 編年体―――「別当記」「嘉元記」
⇩	
姿勢	諸記録を精力的に収集―――顕真記録を最多に使用 典拠名を多数明記――――原典記録を重視
⇩	
特性	顕真記録に歴史認識の正当性――「別当記」「嘉元記」とは異なる歴史意識 「顕真得業日記……正本実乗方ニ在リ」――顕真記録を特別視
⇩	

編年体「古今目録抄」＝堂宇別編年史の嚆矢

記』を見据え、その不十分な点や欠落等を摘出し、顕真記録を核に補足・反証し、前代までには見られない堂宇別編年史を企図した。上記には、法隆寺内において顕真記録（ないし顕真一派）の正当性をないがしろにする思潮に抗する歴史意識が内在したように思われる。これが、画期的な史書を産んだ基因の一つと推察するものである。

注

（1）例えば、『具注暦を中心とする暦史料の集成とその史料学的研究』（2006～2007年度科学研究費補助金・基盤研究（C）研究成果報告書、研究者代表 厚谷和雄、二〇〇八年）、天理図書館蔵の具注暦を悉皆調査された湯浅吉美氏の『暦と天文の古代中世史』（吉川弘文館、二〇〇九年）等を掲げることができる。諸康安二年具注暦の存在は、前書に負う所大である。ここに記して感謝申し上げる。なお、前同書は紙背を「南都法隆寺東院縁起」（二九頁）としている。

（2）荻野三七彦『聖徳太子伝古今目録抄の基礎的研究』（法隆寺、一九三七年。名著出版、一九八〇年影印版）八二～三頁。荻野氏の見解は本書による。なお、氏は「聖徳太子伝古今目録抄」を稿本と見なしている。筆者もこれに従う。後掲注（30）参照。

（3）『天理図書館稀書目録　和漢書之部　第三』（天理大学附属天理図書館編、一九六〇年）二二六頁。

（4）山本紀子「『嘉元記』「用語」「解説」」（勝俣鎮夫編『寺院・検断・徳政—戦国時代の寺院史料を読む—』山川出版社、二〇〇四年）三九六頁。

（5）「記録書」は書誌学上「きろくがき」と読み、酉酉（醍醐）のような一種の略字を意味する。よって、「記録」では曖昧に聞こえるので、後掲する四記録を敢えて記録書「きろくしょ」と呼称しておきたい。

（6）灘の酒造家で三代にわたる文書・典籍・古物の蒐集家吉田家の聆涛閣については、荻野三七彦「古文書ミステリー集」（『日本歴史』二一二号、一九六六年）、仁藤敦史「聆涛閣集古帖」（『歴博』№一三〇、二〇〇五年）が参考となる。

なお、蒐集物は大半、分蔵された。

(7) 大和国の藤堂藩無足人山本左衛門に関しては、平山敏治郎編『大和国無足人日記　上』(清文堂、一九九八年)を参照されたい。

(8) 荻野氏はこの見解である。なお、家永三郎氏は大串元善が京都にて「上宮聖徳法王帝説」と共に「法隆寺雑記」等を書写したとする(『上宮聖徳法王帝説の研究　総論篇』三省堂、一九五三年)。

(9) 外題は「南都法隆寺縁起」である。なお、「法隆寺縁起」と言えば、『玉林抄』の「法隆寺縁起」(法隆寺編『法隆寺蔵尊英本太子伝　玉林抄　上巻』吉川弘文館、一九七八年、一-二〇オ)が想起されるが、これは法隆寺が貞観十三年(八七一)の太子二百五十回忌を意識した縁起で、「法隆寺伽藍縁起」の略称である(石上英一「法隆寺伽藍縁起并流記資財帳の伝来」『古代荘園史料の基礎的研究　上』塙書房、二〇〇〇年、初出一九七六年)。つまり、二書は同名異書である。

(10) 『兵庫県史　史料編　中世二』(兵庫県史編集委員会編、一九八三年)が一部翻刻する。なお、『太子町史　第三巻』(太子町史編集専門委員会編、一九八九年)は前書を再録する。

(11) 前掲注(1)書『具注暦を中心とする暦史料の集成とその史料学的研究』による限り、具注暦所持は当該時期以前、南都寺社では興福寺と東大寺以外には見られない。

(12) 荻野三七彦考定『聖徳太子伝古今目録抄』(法隆寺、一九三七年。名著出版、一九八〇年影印版)。

(13) 桃裕行「暦」(『桃裕行著作集　第七巻　暦法の研究　上』思文閣出版、一九九〇年、初出一九七九年)一九頁。

(14) 例えば、山本隆志「中世農民の生活の世界」(青木美智男等編『一揆　4　生活・文化・思想』東京大学出版会、一九八一年)、木村茂光『日本古代・中世畠作史の研究』(校倉書房、二〇〇三年)においてはそうである。

(15) 寺辺散在領主に関しては、拙稿「法隆寺の枡の諸相とその意義」(『聖徳』一九八号、二〇〇八年)にて神南庄について略述している。遠隔地荘園鵤庄に関しては、石田善人「南北朝時代の鵤庄」(前掲『太子町史　第一巻』一九九六年)が詳しい。

(16) たんこう舎編『影印本　法隆寺史料集成　八』(ワコー美術出版、一九八五年)九頁。
(17) 『別当記』は延文・貞治年間(一三五六〜六八)には書写されているので、この前後に編集された(髙田良信「解説」、『影印本　法隆寺史料集成　三』)ものである。
(18) 『嘉元記』は最終記事の貞治三年(一三六四)を隔て書写されているが、林幹弥氏は「法隆寺雑記」を視野に入れ、延文・貞治年間に大部分が成立したとする(「法隆寺別当次第」『群書解題　第二下』)。
(19) 『南北朝期　法隆寺記録』(「法隆寺雑記」を読む会編(代表河野)、岩田書院、二〇一四年。以下、前書と記すことあり)にて触れたように、「法隆寺雑記」を広義では南北朝期法隆寺において『法隆寺記録』に次いで第五の記録書と見なして、『寺要日記』は年中行事記なので除き、狭義では史書としては第四の史書と目す。
(20) 高田陽介「奘重小双紙」(前掲注(4)書)。
(21) 荻野氏はこれらを含めて「顕真記録」と仮称する。以後、この仮称に従う。
(22) 黒川高明『源頼朝文書の研究　史料編』・同『研究編』(吉川弘文館、一九六八年・二〇一四年)。
(23) 久野修義氏は「聖霊会の法服」にて、『別当記』の本記事を「見逃せない」と評されている(黒田俊雄編『寺院法集英社、一一九二頁)。なお、髙田良信師によると、頼朝からの「舞楽用の面、太鼓、舞楽用の舞台」(『法隆寺学のススメ』雄山閣、二〇一五年、七九頁)が伝承されている。しかし、これら三宝物の銘文を捜し得ない。この他、経帙の法隆寺蔵二点、献納宝物一点が江戸時代の修理銘に「建久年中頼朝卿御寄付之経佚(ママ)」(『特別展　法隆寺献納宝物』東京国立博物館編、一九九六年、八七頁)等と署されている。
(24) 前書は『続々群書類従　第十二』五四〇頁。この「会式勧進帳」は『昭和資財帳8　法隆寺の至宝　古記録・古文書』(法隆寺昭和資財帳編集委員会、小学館、一九九九年)には含まれていない。後書は『法隆寺元禄秘宝展—江戸の出開帳から—』(法隆寺、一九九五年)三五頁。

本文の頼朝死後における幡の施入・銘文と、追筆の関係を以上のように追ってみた。これには、『別当記』が頼朝死後を伏せていることを前提にして、中世太子信仰において、顕真による「聖武天皇宣旨状」(前掲注(12)書七六頁上)創作や、追筆に草されたもう一件の太子廟より出現した石の記文(八二頁)が存する事実を念頭においてのことである。

(25) 細川涼一「法金剛院導御の宗教活動」(『中世の律宗寺院と民衆』吉川弘文館、一九八七年、初出一九八四年)一八四頁。

(26) 荻野前掲注(2)書八三頁。

(27) 荻野前掲注(12)書二二頁下、三八頁下、七七頁上。

(28) 荻野前掲注(2)書八四頁。

(29) 荻野氏は「雑記」のこの修正を稿本の修正を見ていないと指摘される。指摘の通りであるが、筆者は「雑記」編者が「顕真得業日記」を以て『別当記』ないし通説を修正する姿勢に力点を置くものである。つまり、ここにいわゆる史筆ないし歴史意識を読み取る。なお、荻野前掲注(12)書裏書には「白南[北]被渡北[南]」(七一頁下)とある。

(30) 「実乗方」は「方」か「房」かは微妙である。「実乗円信房」(六六頁)に従う。なお、荻野氏は本「顕真得業日記」で以て顕真記録を「総括」し(前掲注(2)書八三頁、「実乗房」とする)、高田氏は同じものを指す(「顕真得業小双紙」前掲注(4)書)と、一括のように理解されているが、果してそうであろうか。先に言及した所の稿本と、「古今目六抄」とが異なる点から、顕真記録は同一なものを内包しつつも、基本的には異なる名称の通りと見なしておく。

(31) 拙稿「もうひとつの法隆寺像」「続 もうひとつの法隆寺像」(『聖徳』一七四・五号、二〇〇二・三年)。

(32) 前同拙稿、田中順一「『南北朝期 法隆寺記録』に現れた法隆寺僧3」(『聖徳』二二四号、二〇一五年)等。

(33) 異なる角度から前掲注(19)書「解説」にて略述。なお、隆詮と実乗が共に「金剛仏子」と自署する密教僧ながら、隆詮は醍醐寺報恩院流真言密教僧であり、実乗は仁和寺広沢流真言密教僧との相違があることに注意を要する。

(34) 荻野前掲注(12)書五〇頁下。

(35) 『大日本仏教全書 第一一二巻 聖徳太子伝叢書』八三頁。前掲注(2)書七九頁より修正。

(36) 林幹弥「法隆寺顕真と調子丸・康仁」(『太子信仰の研究』吉川弘文館、一九八〇年)。この継承関係は、法隆寺北室を拠点とする律宗の世界である。
(37) 荻野前掲注(2)書九三頁。
(38) これには、顕真が生前甥俊厳を後継者と是認しない一方、顕真没後俊厳自身が顕真の継承者を広言している事例(前同書)を前提としている。
(39) 因みに、江戸期に最も寺史に精通した一人良訓は、前掲注(23)『法隆寺良訓補忘集』にてこの項目を「一旧記曰」としてほぼ同文で記し、「已上顕真得業日記在之正本実乗房(ママ)有之」(『続々群書類従　第十一』五三〇頁)で終えている。
(40) 荻野前掲注(2)書。
(41) 武田佐知子「中世法隆寺と唐本御影」(『日本史研究』三四七号、一九九一年)、同『信仰の王権聖徳太子』(中公新書、一九九三年)。氏は翻刻されている『聖徳太子伝私記』『斑鳩古事便覧』『聖誉抄』『古今一陽集』と同様に『法隆寺雑記』を扱っておられる。果して本「雑記」をこのような位置付けができるであろうか。
(42) 山川均氏は嘉禎四年の動向を、「慶政と石塔」にて「史料」を「法隆寺襍記」(『大日本史料』からヵ)と明示して摘記する。その中で「後白河法皇がこれを拝観している」(『歴史のなかの石造物』吉川弘文館、二〇一五年、一四頁)と理解されるが、「北白河女院」陳子である。
武田前掲注(41)書を含めて、筆者が「かく記すのは、引用史料を原典にて検証する要を言及しているのではなく、本書の来し方と周知度を問題にする故に他ならない」(前掲注(19)書一六四頁)ことは変わらない。
(43) 前掲注(12)書九頁上。なお、詳細な『法隆寺年表』(髙田良信、柳原出版、二〇〇七年)には、収載されていない。
(44) 荻野前掲注(2)書一七頁。
(45) 前同書。
(46) 解読における問題点を指摘しておきたい。それは「岳(岡)崎殿、脩明門院」である。荻野氏、武田氏ともに「岡崎殿」には触れず、「陰陽門院麗子」（配流された土御門院后）と解釈している。「岡崎殿」は後鳥羽院の乳母兼子の第であり、そこで拝見となれば兼子の猶子で死の直前財産贈与を受けた脩明門院重子の方がふさわしいと思われる。因みに、『大日本史料』は脩明門院と見なしている。

(47) 石田茂作「装潢」（『法華義疏　解説』聖徳太子奉讃会編、吉川弘文館、一九七一年）一六～七頁。

(48) 筆者が見る限り、墨書「法隆寺」は顕真の筆跡とは異なるようである。この事例が寺内で後世如何に認識されたかを探るに、先述した所の良訓が朝廷と法隆寺との関係を旧記からほぼ年代順に箇条書に記載した『天門奏願記』の一書をなす「法隆寺旧記条々」に、

一、嘉禎二年五月八日　御製作法華経義疏上洛 殿下女院御拝見

一、同四年八月依六波羅将軍命当寺霊宝上洛、九条禅定殿下・准后宮・北白河女院・近衛殿・将軍頼経公其外公家衆余多御拝覧、絹・綿数多拝領、（『影印本　法隆寺史料集成　十二』九七頁）

とある。前掲「旧記」云々を踏まえて、この書き様は良訓が「法隆寺雑記」から引用したように思われる。寺内において本「法隆寺雑記」を「法隆寺旧記」と称した初見となるか。それはともかくも、「法隆寺雑記」は遅くとも良訓在世の享保年間（一七一六～三六）頃までは、「法隆寺旧記」として寺内に存していたこととなる。

(49) 酒井紀美「事件と「風聞」」（『中世のうわさ』吉川弘文館、一九九七年、初出一九八六年）が詳しい。

(50) 坂井孝一「鎌倉末・南北朝期の法隆寺と延年」（『創価大学人文論集』九号、一九九七年）。

(51) 古代において法隆寺周辺は、河上邦彦氏によると、

大和川をはさんで北に斑鳩の法隆寺、法起寺、法輪寺、中宮寺、南に長林寺、さらに片岡王寺、片岡尼寺、西安寺等とともに斑鳩文化圏とも称すべき地域文化を形成していた……

（河上邦彦『河合町文化財調査報告　第3集　長林寺』河合町教育委員会編、一九九〇年、七五頁）

と「斑鳩文化圏」が存在していた。この中の長林寺（奈良県河合町、太子建立「四十六ヶ寺内」前掲注(12)書八五頁

上）は、大和川対岸で法隆寺から南に約三・五kmである。

(52) 奈良県立橿原考古学研究所『大和国条里復元図』（一九八一年）No.53。因みに、法隆寺より南東へ約五kmである。

(53) 広陵町史編集委員会編『広陵町史　資料編　上巻』（二〇〇〇年）。

(54) 安田次郎「永仁の闘乱」（『中世の興福寺と大和』山川出版社、二〇〇一年、初出一九八七年）。奈良県立図書情報館写真版千鳥家蔵「祐春記」文永十年十二月一日条。

(55) 小泉氏に関しては坂井前掲注(50)論考。龍田氏に関しては高橋典幸「中世法隆寺と龍田社」（『遥かなる中世』一六号、一九九七年）が法隆寺の鎮守社龍田社との関係で記す。戌亥脇党に関しては安田「春日若宮おん祭り」（前掲注(54)書）。

(56) 加藤優校訂『東大寺円照上人行状』（東大寺、一九七六年）。

(57) 井上薫編『行基事典』（柏書房、二〇〇五年）。なお、本記事を高田氏は前掲注(20)書にて、「貴重な逸文」（三九一頁）とされている。

(58) 『影印本　法隆寺史料集成　一二』一二頁。

(59) 「薬師寺別当次第」東寺文書甲号外三〇号（歴史資料課「諸寺別当并維摩会天台三会講師次第」『京都府立総合資料館紀要』一八号、一九九〇年）。

(60) 詳細は拙稿「法隆寺「吉祥御願」二天像の創顕とその承暦二年の意義」（『聖徳』一九四号、二〇〇七年）を参照されたい。なお、『南都寺社史料集　3』として「吉祥御願御行記録」にて触れる予定。

(61) 荻野前掲注(12)書四八頁上。

(62) 荻野前掲注(12)書四八頁下。

(63) 荻野前掲注(2)書第一八図影印「法隆寺花山龍池縁起」。

(64) 佐藤虎雄「金剛山・葛城山」（『御所市史』御所市史編纂委員会編、一九六五年）五二四頁。なお、同論考、宮坂敏和「葛城修験と金剛山」（『奈良文化女子短期大学紀要』一八号、一九八七年）を含めて、管見の範囲内ながら葛城社と雨乞いないし修験との関係を論じた論考はないようである。

（65）斉藤研一氏は龍池と修験に触れた唯一の「蔵王堂」（前掲注（4）書）にて、「法隆寺と吉野修験との関わり」（三八八頁）を指摘されるが、少なくとも龍池の原点においては葛城修験と見なされよう。

（66）鎌倉後期から南北朝期にかけて収録する『請雨旧記』に関しては、坂井孝一氏が「『嘉元記』に見える「延年」」（前掲注（55）書『遥かなる中世』一六）にて詳細に分析されている。

（67）福山敏男「法隆寺政所并法頭略記」（『日本建築史研究　続編』墨水書房、一九七一年、初出一九五五年）。『影印本　法隆寺史料集成　一』。

（68）『大日本仏教全書　第一一二巻　聖徳太子伝叢書』、『聖徳太子伝私記』（『影印本　法隆寺史料集成　四』）、『古今目録抄写』（『法隆寺献納宝物特別調査概報21　書跡2』（東京国立博物館編、二〇〇一年）。

（69）拙稿「調子丸・顕真と法隆寺「法頭」」を用意している。

（70）『大日本古文書　二』、『大日本仏教全書　第一一七巻　寺誌叢書一』、『寧楽遺文　中』、前掲注（67）書『影印本　法隆寺史料集成　一』等。

（71）石上前掲注（9）書三五六頁。

（72）法隆寺文書、東大史料影写本 3071.65-3-36、前掲注（10）書『太子町史　第三巻』二六一〜二頁。

（73）上原真人『古代寺院の資産と経営』（すいれん舎、二〇一四年）。

（74）前掲注（67）書『影印本　法隆寺史料集成　一』一五頁。

（75）前掲注（68）書『大日本仏教全書　第一一七巻　寺誌叢書一』、前掲注（67）書『影印本　法隆寺史料集成　一』。

（76）「寺務御拝堂事」（甲函13号、東大史料写真帳 6115-42-13）。前掲注（72）書二五九頁。『鎌倉遺文』未収録。

（77）前掲注（17）書『影印本　法隆寺史料集成　三』一八五〜八頁。

（78）法隆寺は閉門で抵抗する（『別当記』範守条）。

(79)　前掲注(77)書一七三頁。

(80)　「寺務御拝堂注文」(甲函14号)『影印本　法隆寺史料集成　九』三二頁。

(81)　「拝堂」に関しては、牛山佳幸「寺院在庁と国衙在庁」(『古代中世寺院組織の研究』吉川弘文館、一九九〇年、初出一九八年)、井上聡「中世法隆寺における検断権の所在をめぐって」「拝堂」(前掲注(4)書)、久野修義「別当拝堂」(前掲注(23)書『寺院法』氏は「法隆寺置文契状等大要」(披見叶わず)より、隆遍を「依大病居拝堂」(一一九九頁とされる)にて略述されている。しかし、拝堂の本格的な分析はなされていない。当然、居拝堂も同様である。

(82)　筆者は中世大和国のあり様を探る一手法として、本寺興福寺と末寺寺院との関係を構造的に把握する「南都寺社関係史」を試案している(拙稿「鎌倉前半期法隆寺と興福寺との構図の一断面」『堯榮文庫研究紀要』七号、二〇〇七年)。

(83)　先の一覧(一二八頁)に見える能寛別当(居拝堂)時「陳答事書案文」にて「寺務方四分一之乃貢」(拙稿「播磨国鵤荘と法隆寺そして興福寺との構図」(『堯榮文庫研究紀要』七号、二三〇頁)と記されている。

(84)　拙稿前掲注(19)書「解説」一六六頁。

(85)　拙稿「翻刻「寺務御拝堂事」―南北朝期法隆寺別当居拝堂を考える素材に―」を準備している。

(86)　久野修義「中世法隆寺の人々と法」(『秋季法隆寺文化講演会』法隆寺、二〇〇三年、レジュメ)、同「法隆寺置文契状等大要抄」(前掲注(23)書『寺院法』)。

(補注)　中宮寺蔵「中宮寺縁起」(江戸期の写本、寛正四年(一四六三)本奥書)に「或僧ひとつの万荼羅を持来て曰。此は法隆寺の宝庫より取出し奉る処なり。……今(文永十一)年の正月廿五日の夜盗人宝蔵を破り、おゝくの重宝をとる。同二月に箸尾の郷より彼盗人をからめ出して賊物たゝしかへす。」(山本信吉校訂『大和古寺大観　第一巻　法起寺・法輪寺・中宮寺』岩波書店、一九七七年、八七頁)とある。

(追記)　『聖徳太子伝古今目録抄』の翻刻が『法隆寺献納宝物特別調査概報35　古今目録抄1』(東野治之氏等、東京国立博物館、二〇一五年)より続行中である。

南北朝期　法隆寺記録書構造図（案）

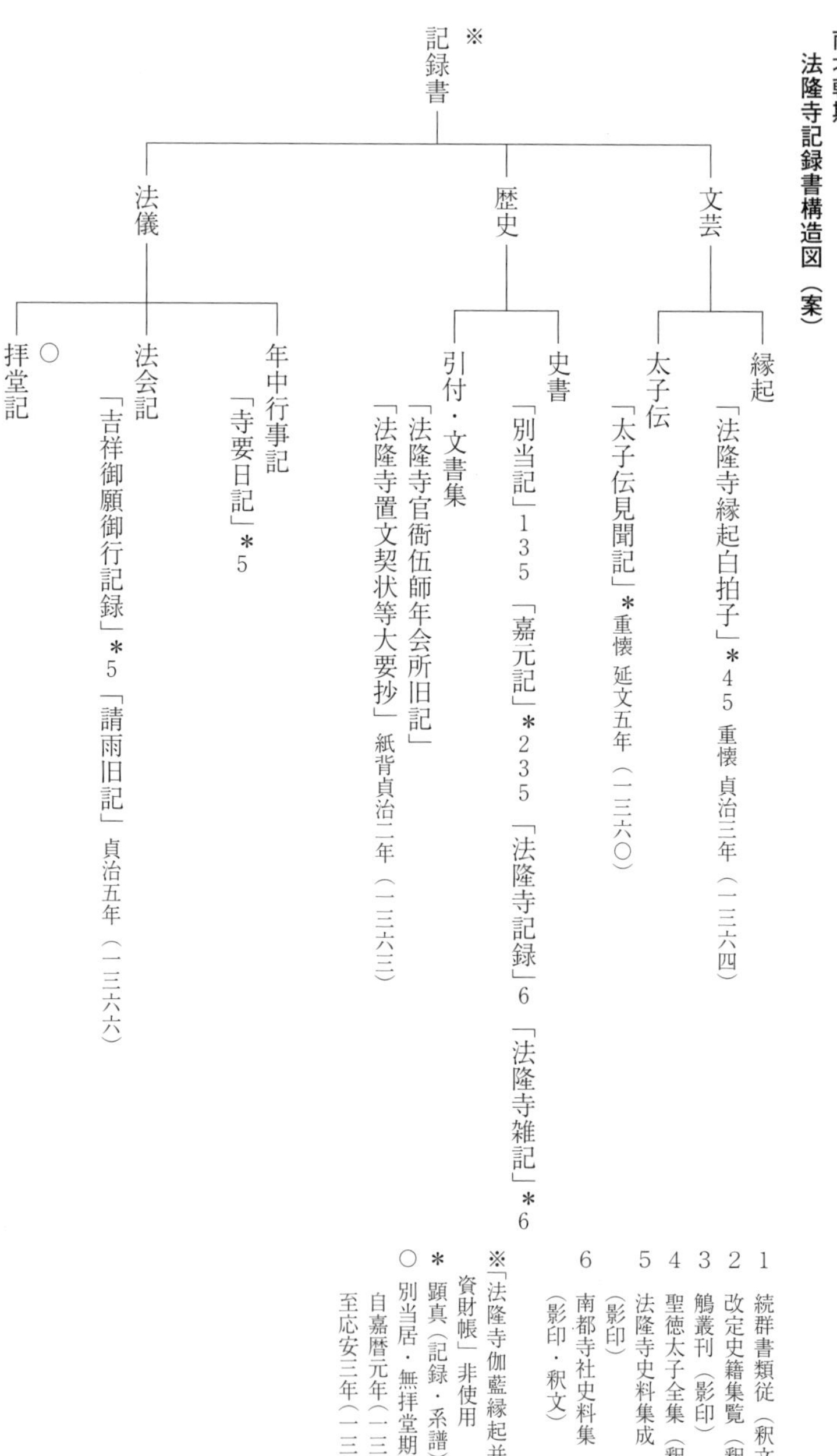

1　続群書類従（釈文）
2　改定史籍集覧（釈文）
3　鵤叢刊（影印）
4　聖徳太子全集（釈文）
5　法隆寺史料集成（影印）
6　南都寺社史料集（影印・釈文）

※「法隆寺伽藍縁起并流記資財帳」非使用
＊　顕真（記録・系譜）採用
○　別当居・無拝堂期間　自嘉暦元年（一三二六）至応安三年（一三七〇）

（付記）

「具注暦康安二年　写　一軸」の現所蔵者天理大学附属図書館より閲覧、そして写真掲載と翻刻の許可を頂いたことに対して、感謝申し上げる。

同写本「法隆寺雑(旧)記」「法隆寺縁起」閲覧には、宮内庁書陵部、東京国立博物館、東京大学史料編纂所、関係史料閲覧には、国立公文書館、高野山大学図書館、龍谷大学図書館、そして奈良県立図書情報館、斑鳩町立図書館聖徳太子歴史資料室にて大変お世話になった。謝意申し上げる。

「大乗院文書を読む会」の丹生谷哲一先生はじめ諸兄には解読、具注暦他でご教授頂いた。ここに記してお礼申し上げる。

「要目」「項目」「典拠名」と法隆寺諸記録・『大日本史料』との関係

○本表は、「法隆寺雑記」の「要目」「項目」と「年月日」（「西暦」）と、「項目」の「典拠名」を記した一覧である。このうちの「項目」は基本的には同一事象は一括した。その「項目」を法隆寺史に位置付けるために、同じ南北朝期成立の法隆寺諸記録『別当記』『嘉元記』『寺要日記』『法隆寺記録』、それに平安中期と推定される『法隆寺東院縁起』、鎌倉期ながら本「法隆寺雑記」が最多の典拠名を揚げる顕真編『聖徳太子伝古今目録抄』、そして『大日本史料』とを比較・検討し、同旨内容の○印を付した。その結果、逸文と見なしたものを、「逸」に全文逸文には＊、一部逸文には☆を付した。

○典拠名略一覧

印算：印算本ノ年代記　古今：古今目六抄　奘重：奘重小雙帋（草子）　顕小：顕真小雙帋（草子）・顕真得業小草子　舎記：御舎利堂日記

日記　顕記：顕真（得業）日記

東：法隆寺東院縁起　目：聖徳太子伝古今目録抄　別：別当記　嘉：嘉元記　寺：寺要日記　記：法隆寺記録　大：大日本史料

逸：逸文　注：類聚三代格

要目	項目	年月日	西暦	典拠名	東	目	別	嘉	寺	記	大	逸
上宮王院絵殿事	絵殿改書写	延久　元年　二月初～五月	一〇六九	印算		○	○	○				
	絵殿書写	承安　二年	一一七二	印算			○	○				
	戸三間改立	長寛　二年　八月	一一六四	印算			○	○				
	絵殿始	二月～五月		古今		○						
	絵殿採色	暦応　元年　夏	一三三八				○	○			○	
	絵殿供養	二年一〇月二二日	一三三九				○	○				
	内陣犬防始立	四年　四月一〇日	一三四一				○	○				
	太子童子形御影造	延久　元年	一〇六九	□（年）代記			○					
御舎利殿太子御影事	太子御影	承久　四年　三月一一日	一二二二				○	○			○	☆

要目	項目	年月日	西暦	典拠名	東	目	別	嘉	寺	記	大	逸
太子二歳御影事	太子御影修復	建武 五年 五月二八日	一三三八				○	○			○	
	値アミタ仏	（記載無）		或人								＊
御舎利堂事	行信舎利堂造立	（記載無）		古今		○						
	舎利元ハ上宮王院	（記載無）		古今		○						
	舎利堂造営	承久 二年 二月上旬	一二二〇	年代記			○					
	覚長銀香炉施入	久寿 二年 五月二四日以降	一一五五～	年代記			○					
	舎利堂盗人（建治）	建治 三年 二月二四日	一二七七	奘重			○					☆
	舎利堂盗人（弘安）	弘安 七年 七月二六日	一二八四				○					☆
	舎利堂銀壺失	一〇年 春	一二八七									＊
	麈尾脇足紛失	元徳 三年 六月 四日	一三三一				○			○		
	舎利失（文永）	文永 五年一〇月 七日	一二六八					○				
	舎利失後入（弘安）	弘安 八年 一月一二日	一二八五					○				
	舎利奉落下坐	天福 二年 三月 一日	一二三四	顕小							○	☆
	舎利失後入（暦応）	暦応 三年 二月二四日	一三四〇	古日記				○		○	○	
	水精塔始出来	貞和 三年一一月一〇日	一三四七				○	○		○		
	舎利銅花台始出来	四年 五月 四日	一三四八				○	○		○		
	唐物花立寄進	暦応 二年 四月二二日	一三三九									＊
	涅槃会管弦講始行	三年	一三四〇				○		○		○	
	法花義疏上洛	嘉禎 二年 五月 八日他	一二三六	顕小							○	＊
	宝物上洛	四年 八月上旬他	一二三八	顕小		○					○	☆
	恵範別当補任	治承 四年	一一八〇	舎記			○					
	舎利講三部大乗副講始	五年 四月 一日	一一八一	舎記								＊
上宮王院	行信上宮王院造営	天平一一年	七三九		○	○	○					
	道詮上宮王院修造	貞観 元年	八五九		○	○	○					
	定好上宮王院院主補任	正暦 元年以降	九九〇～				○				○	
	上宮王院院主停止	天仁 二年以降	一一〇九～				○					

	三昧勲行楊生庄施入	延久二年以降	一〇七〇〜			○	○					
	円堂修造	治安三年	一〇二三				○					
	大師達像上壇	承保三年一月一三日	一〇七六				○					
	二月□(御)行花餅免田寄進	永久三年	一一一五									*
	夢殿修造	永万元年七月下旬比	一一六五				○					
	八面柱直立	元年八月九日	一一六五				○					
	天井造営	建久四年四月七日	一一九三				○					
	蓮華会酒免田寄進	久安四年以降	一一四八〜				○		○			
	尺迦念仏始	建暦元年九月六日	一二一一			○	○		○			☆
	勝万会始	二年一一月二九日	一二一二			○	○		○		○	
	勝万会堅義始	建保二年	一二一四				○		○		○	
	正堂棟上	天福元年	一二三三									
	四方石橋造営	元年三月	一二三三									
	京ヨリ太子御影	二年一一月一八日	一二三四	顕小			○				○	☆
	二月御行頭人西戸造替	延文二年二月	一三五七				○	○				
聖霊会事	行信聖霊会始	天平二〇年二月二一日	七四八		○		○					
	道詮再興免田寄進	貞観元年	八五九		○		○					
	道詮聖霊会再興	三年二月二日	八六一		○							
	垸飯免田寄進	永久三年二月二二日	一一一五				○				○	
	聖霊会二ヶ度供養	承保二年以降	一〇七五〜				○					
	舎利供養	保元二年	一一五七									
	大講堂前舎利供養	久寿三年三月二九日	一一五六	或説			○					
	聖霊会新舞台打橋	応保三年二月二二日	一一六三				○					
	舜範舞人・楽人禄物寄進	正和三年	一三一四	或日記			○					
	尼法念布施物寄進	貞和五年二月二二日	一三四九				○			○		
	源頼朝幡施入	正治元年一二月	一一九九	幡銘文			○					☆
	師子装束修補	嘉禎三年	一二三七	顕小							○	*
	勝月上人白蓋等寄進	三年二月一七日	一二三七	顕小							○	*

要目	項目	年月日	西暦	典拠名	東	目	別	嘉	寺	記	大	逸
	三鼓新造	延文二年六月　日	一三五七				○	○				
	礼堂木作始	寛喜三年九月一八日～一〇月二三日	一二三一				○					
北室事	円照北室勧進寄進	弘長元年一一月	一二六一				○					
五所社事	五所社宝殿造営	建保六年秋	一二一八	古日記			○	○			○	☆
	五所社造替	延慶三年二月四日～一二日	一三一〇				○	○				
金光院	供僧四口始置等	天福二年八月二三日	一二三四				○				○	
	四足并築地始建造	嘉禎三年三月　日	一二三七				○				○	
	太子堂并僧坊作	文永九年	一二七二				○					
天満社事	湛照御霊会始	天慶年中	九三八～四七				○		○			
	猪那部池築造	康和三年以降	一一〇一～			○	○					
	猪那部池樋作替	天承元年	一一三一				○					
	天満社造替	元亨四年	一三二四				○	○				
	天満社拝殿造	建武二年一一月二七日	一三三五				○	○		○		
	如法経道場菴室造	康永三年七月一九日	一三四四				○	○			○	
	天満講(問)施行	観応元年七月一日	一三五〇				○	○				
聖霊院事	東室大坊新造立	天仁二年以降	一一〇九～				○				○	
	聖霊院造立	永久三年	一一一五								○	*
	御影像等開眼供養	保安二年一一月二一日	一一二一	或年代記			○				○	
	新聖霊院始造	二年一一月二一日	一一二一	顕記		○					○	
	聖霊院造営	弘安七年二月一一日～一〇月二七日	一二八四				○					
	円城院心経梵本	万寿四年九月六日	一〇二七			○					○	☆
	同本聖霊院安置	康平四年	一〇六一									*
	聖霊院内鐘鋳	天福元年一二月四日	一二三三				○				○	☆
	妻戸三間改立	建武二年三月四日～五月	一三三五				○			○		☆
	小経蔵木瓦葺改造	三年三月	一三三六				○					
	玄光実乗等灌頂	暦応二年一二月六日	一三三九				○					

要目	項目	年月日	西暦	備考							
綱封蔵事	玄光定順房等灌頂	康永 四年 三月一二日	一三四五			○				○	
	御影供始	暦応 三年 三月二一日	一三四〇			○		○			
	闕間格子改替	四年	一三四一			○					
	円城院房新造	文和 三年 二月 一日	一三五四			○	○				
	綱封蔵一残	(記載無)			○						
	綱封蔵物移納	康平 二年 六月二五日	一〇五九		○	○					
	西面落地、封勘	承暦 四年 七月一一日、八月三日	一〇八〇		○	○					
	西浦破損	永長 元年 七月二四日	一〇九六		○						
	綱封蔵顛倒(康和)	康和 元年	一〇九九		○						
	綱封蔵顛倒(天仁)	天仁年中	一一〇八～一〇		○	○					
	威儀師等下向	承安 二年一〇月二七日	一一七二		○						
	宝物南蔵ヨリ北蔵(元久)	元久 二年	一二〇五		○	○					
	宝物北蔵ヨリ南蔵(寛元)	寛元 元年 八月二三日	一二四三		○					○	
	宝物南蔵ヨリ北蔵(寛元)	元年 八月二三日	一二四三	顕記　宝物日記						○	＊
	綱封蔵盗人入	文永一一年 正月二〇日	一二七四			○					☆
	綱封蔵破損修理	徳治 三年一一月一六日	一三〇八			○	○				
中門二王事	中門金口盗難	永久 三年 三月二七日	一一一五			○					
	西間金口新鋳	天福 元年一二月 四日	一二三三			○				○	
	中門修造	永暦 二年 八月一一日	一一六一			○					
	二王綵色(文治)	文治 二年 春	一一八六			○					
	金剛力士漆塗	天福 二年 九月 日	一二三四			○					
	二王綵色(延応)	延応 元年 四月 一日	一二三九			○				○	
	二王綵色(文保)	文保 二年 夏比	一三一八			○	○				
	二王アセカク	元亨 元年 五月 五日	一三二一			○	○				☆
	南西登橋切立	貞和 四年 四月二八日	一三四八			○	○		○		
	中門造功	観応 元年一一月一三日	一三五〇				○				
	北浦第二重瓦葺替	延文 二年 六月 日	一三五七			○	○			○	
金堂事	西間仏五躰盗難	天元 五年 五月二一日	九八二		○	○				○	

要目	項目	年月日	西暦	典拠名	東	目	別	嘉	寺	記	大	逸
	西壇仏盗人	承徳元年	一〇九七	或日記		○					○	
	阿弥陀三尊始鋳	寛喜三年二月二三日	一二三一			○	○				○	
	金堂釿幡六流造	康和三年以降	一一〇一〜				○					
	阿弥陀三尊開眼	貞永元年八月五日	一二三二			○	○				○	☆
	吉祥御願始	承暦二年一月八日	一〇七八			○	○		○			☆
	吉祥御願金堂ニ移	三年一月八日	一〇七九			○	○		○			
	毘沙門・吉祥二天供養	二年一月七日	一〇七八						○			
	吉祥御願餅免田寄進	保延五年	一一三九				○					
	橘寺金銅仏金堂送入	五年	一一三九			○						
	寺司交名判行	永保二年一二月二一日	一〇八二									*
	推古天皇御本尊盗難	建暦元年九月一日	一二一一				○					
	金堂十僧定置	承暦二年	一〇七八				○		○			
	鵤庄十僧ニ寄進	文和元年	一三五二				○	○				
	池大石金堂拝石引居	二年七月一五日	一三五三				○	○				☆
講堂事	安居講始	天長二年	八二五									注
	講堂并北室西室焼失	延長三年	九二五			○	○					
	大講堂造立	正暦元年	九九〇				○				○	☆
	仏生会始	元永二年	一一一九				○		○			
	板敷戸外立成	建永元年	一二〇六				○				○	
	板敷取破捨	貞応二年	一二二三				○				○	
	勝万会上宮王院始行	建暦二年一一月二九日	一二一二			○	○		○		○	
	勝万会大講堂ニ移	嘉禄三年一一月一五日	一二二七			○	○		○		○	
	夏中最勝王経供始	正和四年	一三一五				○		○			
	講堂前石登橋造立	嘉暦四年三月四日	一三二九				○					
	仏壇ハタイタ作	文和三年五月	一三五四				○	○				
	講堂前燈炉地盤石切	四年	一三五五				○	○			○	

要目	項目	年月日	西暦	典拠名								
御塔事	闕間格子建立	延文元年 夏中	一三五六				○	○				
	鳥隙啐	久安四年 四月	一一四八				○					
	塔本仏等修造	嘉禎三年	一二三七	顕小			○				○	
	塔内外修理	弘安六年 春	一二八三				○					
	鷹来、雷落火付	建長四年 六月 一六日、一八日	一二五二									＊
	舎利供養法衆等龍池勤行	四年 一九日	一二五二									＊
	塔夏中大般若経供等始	永仁元年	一二九三				○		○			
上堂事	大風ニ転倒	永祚元年 八月一三日	九八九			○	○	○	○	○		
	上堂造初	文保二年 正月一七日	一三一八				○	○	○	○		
	昔ノ石上ニ柱立	二年 二月 八日	一三一八					○				☆
	棟上橘寺善縄用	二年 四月 九日	一三一八			○	○	○				
	土瓦葺	二年 冬	一三一八									＊
	本尊講堂ヨリ奉入	元亨四年 四月 九日	一三二四				○	○	○	○		
	結夏始	貞和三年 四月 八日	一三四七				○		○			
	大師講始	三年 五月	一三四七									＊
	闕間格子新造	文和三年 四月結夏以前	一三五四				○	○				
	四天堂内奉居	同四年一二月 三日	一三五五				○	○		○	○	
	仏供燈明始	永保三年	一〇八三				○					
惣社事	惣社造立	仁平三年一二月二六日	一一五三				○					
	惣社造神移、学衆田楽等	建仁三年一〇月二四日	一二〇三				○	○				
	惣社造営	康元二年 三月	一二五七				○					
	惣社造替、棟上、惣寺馮支	延慶三年 春、三月一九日	一三一〇				○	○				☆
三経院事	西室焼失	承保七年(承暦四年)	一〇八〇			○	○					
	西室焼失	承暦二年	一〇七八	一説								＊
	馬道・勝万会講師坊新造	(記載無)		古日記		○	○					
	学生供鵤庄寄進	建久二年以降	一一九一〜				○					
	慈恩会竪義始	建保四年	一二一六				○		○		○	
	勝万会析鵤庄寄進	嘉禄三年 夏	一二二七				○		○		○	

要目	項目	年月日	西暦	典拠名	東	目	別	嘉	寺	記	大	逸
	西室南四間三経院ト号ス	寛喜三年四月	一二三一				○				○	
	西園寺実氏弓削庄寄進	仁治三年八月	一二四二				○	○			○	
	法相曼荼羅并太子御影置	文暦二年七月一日	一二三五			○	○				○	
	三経院前池堀始	嘉禎二年六月二七日	一二三六			○	○				○	
	勝万会(新)弥南北庄寄進	建長四年一二月五日	一二五二				○		○			
	鵤庄勧学(講)米寄進	文永八年	一二七一				○					
	勧学講始	八年八月一六日	一二七一				○		○			
	因明講始懃行	弘安九年七月三〇日	一二八六				○					
	講師坊造営始	嘉元三年四月二八日	一三〇五				○	○				
	講師坊造功	同四年	一三〇六									*
	西室造継	文永五年一〇月二日	一二六八	奘重			○					
	北一間広成	貞和五年正月下旬	一三四九				○	○		○		
	経営所造功	五年二月四日	一三四九					○				
	妻戸等造始	観応元年六月	一三五〇				○	○				
	妻庇葺替	元弘二年	一三三二									*
西円堂事	西円堂破損	永承五年五月二三日	一〇五〇	或日記		○	○					
	西円堂顛倒	元年五月一七日	一〇四六	古日記								*
	西円堂建立歟	養老二年	七一八									*
	西円堂仏聖始	安元二年以降	一一七六～				○					
	造営始、棟上	建長元年一〇、一一月	一二四九				○					
	西円堂御行始	弘長元年二月八日	一二六一						○			
	御行三ヶ日勤行	二年二月一～三日	一二六二						○			
西寺鐘落事	談義時鐘落下	文永九年六月二七日	一二七二				○					
	口舌病事一﨟慎		一二七二									*
西寺手水屋事	手水屋新作	弘長元年	一二六一				○					
冥符御社事	冥符社造営、勧請	永仁四年	一二九六				○					

	冥符両側大垣等造替	文和二年二月下旬	一三五三				○	○				
龍池事	三教房葛城龍王勧請	（記載無）				○						☆
龍田夷御事	龍田大明神造営	寛元元年三月二一日	一二四三	顕記							○	＊
	西宮南宮広田等移	元年三月二二日	一二四三	顕記			○	○	○		○	
	龍田宮社棟上	元年四月八日	一二四三	顕記							○	＊
	龍田宮神帰坐、講問一座	元年八月一五～一六日	一二四三	顕記							○	＊
	龍田宮八講、龍田八郎巫女	文和三年三月五日	一三五四					○				
	龍田夷影向	正嘉元年	一二五七					○				
	龍田宮童舞	弘安六年六月二三日	一二八三				○					
	楼門棟上	延慶三年一二月一三日	一三一〇				○	○				
	龍田宮千部経供養	建武二年	一三三五				○	○		○		
	御託宣舞楽	三年二月二四日	一三三六				○	○				
	六十六部経供養	康永二年四月一〇日	一三四三				○	○			○	

「法隆寺雑記」と『大日本史料』の対応表

○　本書「法隆寺雑記」翻刻と『大日本史料』採録の「法隆寺雑（旧）記」翻刻を比較・対照して、差異の部分を示し、右横に傍線を付した。

○　翻刻に際して、送り仮名の分ち書きなど文字の大小および原文にある返り点などの差異は無視する。

旧記：法隆寺旧記　襍記：法隆寺襍（雑）記

要目	法隆寺雑記	頁	大日本史料	編・冊・頁
御舎利堂事	向後坪外ニ不奉出云々	56	向後塔外不奉出云々、	襍記　六・六・四六三
	俊憲顕信房得業五師、	58	俊憲顕信房得業、自行、	襍記　五・一一・九三六
上宮王院	件任中舎弟定好已講	59	件任中舎弟定好上講	旧記　二・一・七一一
聖霊院事	別当経尋天仁二年己丑任之、	65	別当経尋天仁二年己丑、任、、	旧記　三・二八・六
綱封蔵事	当寺別当蔵ニ御ス、平袈裟、公文明算寺主	68	当寺別当蔵御ニス、平袈裟公文明算寺也、	旧記　五・一六・三六〇～一
	興福寺々家御下向、御息也、松立院宿、	68	興福寺家御下向、御息也、松玄院宿、	旧記　五・一六・三六一
中門二王事	文治二年丙午春比二王綵色、	70	文治二年丙午春比二王采色、	襍記　四・一・七三九
金堂事	聖徳太子薨御以後六廻ト聞候也、	71	聖徳太子薨御以後六廻ト聞也、	襍記　五・六・三五一
講堂事	北室于今不及其沙汰、	73	北堂于今不及其沙汰、	雑記　二・一・七〇五
	講堂板敷被破捨、床成了、	73	講堂板敷被破捨□成□、	旧記　五・二・一四八

あとがき―ちまたから二冊目―

河野昭昌先生との最初の出会いは「いかるが和々塾」での講演でした。二〇一一年六月のこの講演「佐伯定胤管首と武田長兵衛―近代太子信仰のひとこま―」の中で、佐伯定胤・暁烏敏・生桑完明など次々に登場する名前は、私にとっては、聖徳太子の跡を慕って呉から法隆寺近傍に来住した父の思い出と共にある懐かしいものでした。その講演の後、ふと目にしたチラシの言葉に惹かれて参加した「斑鳩の地名を古文書で歩く会」では、法隆寺や地元斑鳩についての広い知識を持つ個性豊かな方々と出会い、学び、歩きました。そして、この年の十二月、河野先生からのお誘いで「法隆寺雑記を読む会」に加わる事になりました。

私は少し前、地方文書（白石畑村医王寺文書）や法隆寺文書（『昭和資財帳　法隆寺の至宝　8』）を史料とした研究レポートを出していました（『リージョナル』№6・8・9号、奈良県立同和問題関係資料センター刊）。先輩の指導をあおぎ、それなりの苦労の産物でした。しかし、この「法隆寺雑記を読む会」での作業は、それとは全く異質なものでした。翻刻作業がかくも厳格・厳密に行われ、且つ関連資料がまさに博捜される状況は、全く驚異的でした。古記録の学術書としての出版がどの様に行われて来たかを、身にしみて感じる日々でした。

私は今後、生まれ育った山中の小村＝白石畑（斑鳩町と平群町にまたがる大字）の歴史に取り組んでいきたいと考えています。厳しい史料批判や正確な翻刻など、この会で学んだことを今後の研究姿勢につなげる事が出来れば、と思っています。

地名・人名索引の作成をお手伝いできたことに、感謝しています。

嵜本　和臣

最初に「法隆寺雑記」を閲覧したのは、筆者が東京に在住していた時の一九九八年三月十日、東京大学史料編纂所にて、徳川昭武蔵影写本(2015-420)であった。総体的に何とか読み通せそうだなと感得した。そして、付箋に「吉田文書一ヲ見ヨ　本書ノ原本ハ吉田文書一ニアリ」とあったので、閲覧室内の影写本「吉田文書一」(3071.64-21-1)と読み比べた。使い慣れている影写本の「吉田文書一」を定本にして数日通って一応筆写を終えた。その時のことを昨日の如くに思い出す。しかし、この時は表が「康安二年具注暦」とは夢想だにしなかった。

以後、「解説」にて略述したように紆余曲折を経て、前書『南都寺社史料集1　法隆寺記録』(岩田書院、二〇一四年)の翻刻刊行のめどがついた二〇一一年六月二十日、天理大学附属天理図書館に「具注暦康安二年　写　一軸」の閲覧に窺い、足掛け十二年でやっと原本にたどり着けたのである。

「南都寺社史料集2」の刊行をめざす「法隆寺雑記を読む会」を、その年(二〇一一年)の十二月より有志を募り会費制で月一回斑鳩町公民館等にて、「法隆寺記録」の解読と併読で開始した。同時進行で参加された田中順一氏、新たに参加された嵜本和臣氏(筆者の主宰するもう一つの「斑鳩の地名を古文書で歩く会」員)を含めて数名で読み始める。嵜本氏は隣の平群町白石畑出身で、筆者の営む斑鳩の古文書の会の参加者では大学で学科として日本史学を専攻された初めての方である。心強い味方の出現に勇気百倍の感があった。それもつかのま、「法隆寺記録」以来同志であった田中氏が翌六月入院された。淋しく思っていた矢先、嵜本氏と同じ「斑鳩の地名を古文書で歩く会」員で古代史が得意で、文化財に強いA氏(ご本人のご要望)が二〇一三年三月より参加され、新風を吹き込んでいただいた。田中氏は入院以降体調が思わしくないことと、『聖徳』(法隆寺教学部発行)への力作「『南北朝期　法隆寺記録』に現れた法隆寺僧」の連載(第二二二号、二〇一四年一二月以降)に専念されるため退会された。

解読作業を一応追えた段階で、表の具注暦を改めて注視していたある時、上部欄外の数多の農事作業語彙に釘付けとなった。その当初は農事暦のように憶測したが、具注暦を改めて勉強し直すと、雑注であることに気が着いた。かつ、農業史では南北朝期以前に農事暦への観点のないことも衝撃的であった。つくづく奈良の田舎でほぼ単独で研究を進める状況の厳しさ・寂しさをまたまた味わうこととなった。そういう中にあって、大沼晴暉先生に書誌学の方面に御教導賜うことができたのは筆舌に尽くし難い。とりわけ、写本の要請に関してご教示いただいたことは、本具注暦が等閑視されてきた状況が納得できた。心より感謝申し上げる。

「法隆寺雑記」に向う前半の基礎的作業は、前書「法隆寺記録」の経験もあり、比較的スムーズに運んだ。それは、本「雑記」の特徴である数多くの逸文を指摘するに止めたからでもあった。後半のその位置付け、つまり史料批判に勢力を注ぎ込むと雰囲気が変わった。そこで、筆者は本「解説」の下書きとして「解説草案」を適宜作成して、内容把握のみならず史料批判を前面に出した書誌的側面に力を注いだ。しかし、お二人は史料批判の意義は理解されるが、その緻密な作業に慣れないこともあり、意図する所が通じたか不安である。敢えて告白すると、実証に対する認識にズレが生じ、筆者の史料翻刻におけるモットーである〝虚仮の一心〟が通じなかった。反省至極である。このことは、筆者の未熟さを切実に認識させ、かつ筆者をして学問の初心に戻るよき機会を与えてくれた。

ひるがえって、機械に弱い筆者に代わってお二人は、大車輪の活躍であった。とりわけA氏は新しい技術に果敢に挑まれ、よって筆者は「解説」に多くの図表を用いることができた。嵜本氏はパソコン上の本書構成を完璧になされた。感謝に絶えない。しかし、今年に入ってA氏は体調を崩され「中断」を申し込まれた。悲しいことに、残された二人は悲歎にくれた。ご快癒と再びの入会を祈るのみである。（五月より復帰され、再び活気が戻った。追記）

今のところ少し心残りなのは、現段階でこの「法隆寺雑記」を会のメンバーのお互いが真に理解した上で、大所高所から討論を重ね共有財産化に至らなかったことである。本シリーズを共編で成就する目的は、対象をする文献に関する共有財産化にある。よって、筆者も含めて入稿後の初校までに集中的に切磋琢磨し実を結ばせ、それをちまたで紡いで個性的な翻刻本を念じている。

筆者は刊行後、主宰する「斑鳩を古文書で歩く会」の年会報『鳩遊』にて、「『南北朝期　法隆寺記録』追考」と題して、同書の訂正、修補、それに寄稿文などを二回掲載した。それらを改めて私家版の月報形式で『南都寺社史料集だより　1』を施行したく念じている。

最後に私事を書かせてもらいたい。それは恩師荻野三七彦先生の学問姿勢で、『聖徳太子伝古今目録抄の基礎的研究』（法隆寺、一九三七年、名著出版、一九八〇年影印本）において、未翻刻の本「雑記」を「顕真の事蹟」で顕真の航跡に手際よく利用され、「記録に引用された類本」で要を得て的確に概述されたことである。これは、正に荻野先生が「聖徳太子伝古今目録抄」を本来持つ価値あるものとして未来に伝えるには、その周辺の記録史料を利用するのでなく、一記録一記録を生かそうとされた学問姿勢からではなかろうか、と察するに至った。それは、先生が法隆寺文書への愛着を常日頃感じられていたからに他ならない。

荻野先生が「雑記」を触れられてから約八十年後にしてその翻刻を上梓する機会を与えられた今年（二〇一六年）の筆者の気概は、先生から生前直接しばしばうかがった「百年後の知己を待つ」（拙稿「編集を終えて」荻野三七彦『日本古文書学と中世文化史』吉川弘文館、一九九五年、四八一頁）である。これが、先生への僭越か恩義か、それは『日本古文書学と中世文化史』刊行報告時と同様、墓前にて窺おう。

二〇一六年三月三一日

河野　昭昌

索　引

人名……………………………………………1
地名（含寺社）…………………………………5
事項……………………………………………8

凡例

・人名・地名・事項別に分別した。
・地名（含寺社）編の境内地名等に＊を付した。
・各項目の配列は五十音順とし、仮名・漢字の順に同一漢字寄せとした。
・異字同音の場合は、字画の少ないものから配列した。
・同一名称の異称、関係事項は矢印（ → ）で表示した。
・難読、カタカナ等には本文ルビ以外にも読み・漢字を、また追加語を（　　）に記した。
・接頭語の御は基本的には略した（例　御舎利，御塔）。
・同一語の同頁での出現回数については、頁数後の（　）内に算用数字で表示した。

人　名

あ

アチマメノ二郎房(仏師,元興寺)　70
或女人　74
安位之三教房　80→大真言師,隆詮→権者,真言師(事項)

い

一条天皇　73→一条天皇行御宇,御宇(事項)
印算　52→印算本ノ年代記(事項)

え

永真(大法師)　72
栄信房　58→幸舜
栄範(舎利預)　54
円永房(得業)　58→顕真
円快(信貴山住僧,仏師)　53→浄如房
円覚(上人)　62→上人(事項)
円珠房　58→融厳
円照(上人)　63→実相,上人(事項)
円信房　66→実乗
円順房　66
円融院　71
延喜御門　73→延喜御門御宇,御門(事項)
延幹　59
延順房　57→順盛
延真(律師,別当)　67
延清(大法師)　72
延良(大法師)　72

お

大殿(近衛家実)　58→猪熊御所(地名)→御所(事項)
大中臣四子　63

か

快厳(五師)　69
覚懐(法印,別当)　75,78
覚実(公文,寺主)　69
覚盛(絵師工)　77→佐土公
覚晴(律師,別当)　74
覚増(五師)　63,68,70
覚長(大僧都,法橋,別当)　53,62,67→御代(事項)

覚遍（僧都，法印，別当）　63，70，72，74（2），77，79，80→光明院→覚遍法印御代（事項）
賀宝（僧都，別当）　79

き

義清（大法師）　72
北白河女院（陳子）　58
行基　54（2）→行基ノ舎利（事項）
行勝（使威儀師）　67
行信（大僧都，別当）　53，59，61，76→正堂大師達
尭実　74，78→宝光院但馬得業
尭春房　56→盛尊
尭禅房（僧都）　75→湛舜
尭範（五師）　69

く

九条大殿（道家）　77→月輪殿，後法性寺禅定殿下，藤原朝臣道家
九条大殿弟（基家）　77→大納言殿
九条禅定殿下（道家）　58
九条殿下（道家）　57
空智　65→上人（事項）
邦仁天皇（後嵯峨）　68

け

恵範（法眼，興福寺西南院）　59
経寛（大夫，得業，小別当）　68，69（2）
経尋（律師，別当）　59，64，65，73
慶運（大法師）　72
慶賀（大法師，五師，聖霊院院主）　66，69，78
慶覚　61→順定房
慶玄　69，73，75，81
慶舜（法師）　72
慶信（信慶ヵ　律師，別当）　60
慶政　57，58，77→勝月上人，勝月房→京西山，西松尾，西山（地名）→慶政上人之仰，上人（事項）
慶智（承仕）　72
慶祐（大法師，聖霊院院主）　52，64（3），66（2），80→専順房
解脱上人　60→上人（事項）
賢盛（五師）　56→宗識房
顕真（得業）　57，58，66，68，70→円永房
顕信房（五師，得業）　58→俊憲
顕禅房（律師）　75→性憲
玄雅（僧正，別当，中南院）　68，78（2），80
玄光（上人，岡本寺）　66（2）→上人（事項）
玄詮（五師）　68
厳慶（舎利預，得業）　56

こ

公詮（五師）　64
公範（大僧都，別当，興福寺）　59→覚禅房
光明院（別当）　68，72→覚遍
光明皇后　79→皇后
光明皇后母公　79→橘大夫人→大夫人，夫人（事項）
光明山尼御前　76→尼御前（事項）
幸禅（法師）　57
幸舜　58→栄信房
皇后　61→光明皇后，聖武天皇之后→后（事項）
興福寺々家（円実）　68
近衛大殿（家実）　58→猪熊御所（地名）→家実之仰（事項）
近衛当殿下（兼経）　58→当殿下
後三条院（尊仁）　52，59→後三条院尊仁御宇，後三条院御代，御宇，御代（事項）
後白河　52
後朱雀院　52
後法性寺禅定殿下　68
後堀□（川）院　62
後冷泉院　67，78→御宇，後冷泉院御宇（事項）

さ

左京権大夫安（泰）時　59→安時
左大将（一条実経）　58
左大臣（二条良実）　58
左大臣教実　63→教実，殿下左大臣教実
歳能（承仕）　72

前右大将源(朝)臣頼朝　63→大将殿, 源(朝)臣頼朝
前右大臣実氏　77→実氏
佐土公(絵師工)　77→覚盛
実氏(西園寺)　77→前右大臣実氏
三教房　80→安位之三教房, 大真言師, 隆詮→権者, 真言師(事項)

し

実円(絵師, 京人)　52, 53→播磨法橋
実賢(□舜房)　69
実玄　68
実乗　66, 80→円信房→実乗方(事項)
実相(上人)　54→円照, 上人(事項)
実聡(法印, 別当)　69
実増(五師)　64
実祐(五師)　68
持明院(藤原基家)　58
釈因(大法師)　72
脩明門院(重子)　58
十忍(比丘尼)　70
准后(綸子)　58
奘舜　55→宗禅房
奘重(舎利預)　54→奘重小雙帋(草子)(事項)
奘盛(五師)　69
修理権大夫(北条時房)　58→時房
春迦殿(箸尾)　69(2)→(箸尾)春迦殿
春覚房　55→隆実
俊憲(五師)　58→顕信房得業
舜円房　55→性恵
舜厳　69
舜信房　55→良尊
舜範　62
順定房　61→慶覚
順盛　57→延順房
順蓮房　55→貞忠
淳和天皇　73→御宇, 淳和天皇御宇(事項)
性恵(舎利預)　54, 55→舜円房得業
性恵(比丘尼)　70
性憲(律師)　75→顕禅房
性誉(僧正, 別当)　80
璋円(律師)　60
璋玄(公文)　69
勝月上人　58, 62(2), 74, 77→慶政, 勝月房→京西山, 西松尾, 西山(地名)→勝月上人之仰, 上人(事項)
勝月房　57→慶政, 勝月上人
正堂大師達　60→行信, 道詮
上人(慶政, 勝月房)　58→上人(事項)
聖厳　70
聖増(一臈)　55
聖徳太子　71
聖武天皇　61, 79(2)
聖武天皇之后　79→皇后, 光明皇后→后(事項)
定栄　70
定好(已講)　59
定実(律師)　74
定真(大僧都, 別当)　64, 65, 67, 71
定順房　66
□(定朝)　69
定弁(三経院主)　78
成宝(大僧都, 別当)　68, 76
乗印房(経聖)　81→経聖(事項)
浄禅房　66
浄如房　53→円快
盛尊　56→尭春房
貞忠　55→順蓮房得業
白河院　67, 72, 76→御宇, 白河院御宇(事項)
信慶(律師, 別当)　60, 76
信遍房　58
新院已講　70

す

推古天皇　73
菅原氏　64

せ

清安(大法師)　72
清和天皇　61
専順房　64→慶祐
泉楊(宣楊)門院(覲子)　58→六条泉楊(宣陽)門院(覲子)
善永房　55→隆算

禅覚(五師, 舎利預, 西南院)　59
禅観(上人, 北室)　61, 66, 75→上人(事項)
禅定殿下(道家)　68

そ

宗識房　56(2)→賢盛
宗禅房　55→奘瞬
宗禅房　63→頼盛
増法房(三経院承仕)　79
尊海(法印, 別当)　76
尊覚房(東大寺知足院)　53
尊智(法眼)　53

た

泰(秦ヵ)致真(絵師)　52→秦(泰ヵ)致真
大将殿　62(2)→前右大将殿, 源(朝)臣頼朝→頼朝仰(事項)
大真言師　80→安位之三教房, 三教房, 隆詮→権者, 真言師(事項)
大納言殿(九条基家)　77→九条大殿弟
□(高)倉院(憲仁)　52, 67→御宇, □(高)倉院憲仁御宇(事項)
尊仁(後三条院)　52→後三条院尊仁御宇, 御宇(事項)
但馬得業　74, 78→尭実, 宝光院但馬得業
橘大夫人　79→光明皇后母公
龍田八郎巫女　80→巫女(事項)
湛舜(僧都)　75(2)→尭禅房
湛照(僧都, 別当, 興福寺)　64

ち

中院　68
忠教(威儀師, 別当)　75
長照(大僧都, 別当)　67
長隆(律師, 別当)　71

つ

月輪殿(九条道家)　58→九条大殿, 九条禅定殿下, 九条殿下, 後法性寺禅定殿下, 藤原朝臣道家

て

殿下左大臣教実　63→左大臣教実, 教実

と

当寺別当(光明院)　68→覚遍→御代(事項)
当殿下(近衛兼経)　58→猪熊御所(地名)
当殿　58→近衛当殿下(兼経)
道慈　61
道詮(律師)　59, 61→正堂大師達
時房(北条, 修理権大夫)　58→修理権大夫
鳥羽院　65, 67→御宇, 鳥羽院御宇(事項)

な

南都大輔公(当寺大工)　70

に

女院, 々々(宜秋門院, 鷹司院, 東一条院のうち2人)　57
仁階(大徳, 別当, 東大寺)　59, 73

の

能寛(僧都, 別当)　75
能算(大威儀師, 別当)　61, 67, 72(2), 73, 76(3)
教実(九条　左大臣)　63→左大臣教実, 殿下左大臣教実
憲仁(高倉院)　52→御宇, □(高)倉院憲仁御宇(事項)

は

箸尾右衛門尉　69
箸尾右馬入道　69
(箸尾)春迦殿　69→春迦殿
秦(泰ヵ)致真　52
播磨法橋(絵師, 京人)　52, 53→実円
範円(僧正, 法印, 別当)　63, 71, 73, 77(2)
範快(聖)　72→聖(事項)
範玄(僧正, 別当)　60, 76

ふ

藤原朝臣道家　57→九条大殿, 九条禅定殿下, 九条殿下, 後法性寺禅定殿下, 月輪殿

ほ

宝光院但馬得業　74→尭実. 但馬得業

地名(含寺社)

き
北蔵(綱封蔵)＊　68(3)
北室＊　56,57,61,63,66,73(2),75,80→東院北室
京(京)　52,60
京(京)都　54
京(京)西山松尾　57→西松尾,西山→慶政,勝月上人,勝月房(人名)
経営所(三経院)＊　78(2)→三経院
く
厨舎(クリヤ,円城房(坊))＊　67→東室厨舎
こ
講堂＊　72,73(6),74(2),75
講堂前＊　73,74
講堂前石登橋＊　73
興福寺　59,62,64
興福寺西南院　59,69→西南院
光明院(興福寺)　68,72
講師坊(三経院)＊　76,78→勝万会講師坊
綱封蔵＊　67(7),68,69
綱封蔵西面＊　67
綱封蔵西浦＊　67
五所社＊　63(2)→五所(事項)
五所之宝殿(五所社)＊　63→東院五所之宝殿,宝殿
金光院＊　63(3),64
金光院築地＊　64
金光院太子堂＊　64→太子堂
金堂＊　71(5),72(2),73(2)
金堂西壇＊　71
金堂前＊　73
さ
西円堂＊　78(2),79
西寺＊　79(2)
西寺手水屋＊　80(2)
三経院＊　76(2),77(3),78(2),79
三経院妻庇＊　78→妻庇(事項)
三経院堂前池＊　77→池(事項)
し
信貴山　53
四方石橋(上宮王院)＊　60→石橋
食堂＊　65,66
舎利殿＊　53
舎利堂＊　53(4),54(3),59
舎利堂東端＊　54
宿所　58
小経蔵(聖霊院)＊　66
松立院＊　68
上宮王院＊　52,53,59(5),60(6),62(2),73,75
上宮王院絵殿＊　52→絵殿,絵御殿,東院絵殿
上宮王院西浦＊　60
正堂(上宮王院)＊　60→夢殿
正面(講堂)＊　74
勝万(鬘)会講師坊(三経院)＊　76
聖霊院＊　64,65(2),66(6)→新聖霊院
聖霊院池堤＊　73
聖霊院堂殿＊　65
聖霊院内陣＊　66
新聖霊院＊　65,66→聖霊院
新舞台打橋(聖霊院)＊　62
せ
西南院＊　59(2),69→興福寺西南院,当寺西南院
政南院＊　68
西面北キワ(中門)＊　71
摂津国大波(明ヵ)郷　52→大波(明ヵ)郷
千手堂(円城院)＊　65
そ
惣社＊　76(4)
た
大講堂＊　61,73(2)
太子堂＊　64→金光院太子堂
橘寺　72,75→荓(菩提)寺→末寺(事項)
龍田夷＊　80→御社,当社,当所
龍田大明神御旅所＊　80→御旅所
龍田宮＊　80(3),81(3)→当社
龍田宮西浦＊　80
龍田宮楼門＊　81

ち

知足院　53→東大寺知足院
中南院(興福寺)　68, 78, 80
中門＊　66, 70(5), 71(3)
中門北浦＊　71
(中門)石檀　71
(中門)西間＊　70
(中門)登橋＊　71
手水屋＊　80(2)→西寺手水屋
弥南北庄　77

て

天王寺　55, 61, 81→天王寺童舞(事項)
天満社＊　64
(天満社)如法経道場菴室＊　64→如法経道場庵室→道場庵室(事項)

と

塔＊　74(4), 75
塔第三重層　74
東院＊　52, 63(2)→絵殿, 北室
東院□(絵殿)＊　52
東院北室＊　63→北室
東院五所之宝殿＊　63→宝殿
東大寺　59
東大寺知足院　53→知足院
東北条　76→鵤庄東北条
東面妻戸(三経院)＊　78
当山(法隆寺)＊　80
当寺(法隆寺)＊　52, 54, 55, 59, 68(2), 70(3), 72, 77, 80, 81(2)
当寺西南院＊　59→西南院
当社(龍田宮)＊　80
当所(龍田夷)＊　80
堂殿(聖霊院)＊　65→聖霊院

な

内陣＊　52, 66, 78→三経院, 聖霊院
奈良　67, 81
雙ノ蔵(綱封藏)＊　67
南都　70(2)
南宮　80→西宮南宮, 広田(社)

に

西浦(上宮王院)＊　60
西浦(綱封蔵)＊　67
西倉(綱封蔵)＊　67
西戸(上宮王院)＊　61→戸(事項)
西柱(舎利堂)＊　55→柱(事項)
西間(中門)＊　70
西間(金堂)＊　71
西ノ峯　81
西宮南宮広田　80→南宮, 広田(社)
西松尾　62→京西山松尾, 松尾→慶政, 勝月上人, 勝月房(人名)
西面(綱封蔵)＊　67
西室＊　73, 76(2), 77, 78
西山　57, 58→京西山松尾, 松尾
如法経道場菴室(天満社)＊　64→道場菴室(事項)

の

登橋(中門)＊　71→(中門)登橋

は

拝石(金堂)＊　73
拝殿(天満社)＊　64
箸尾　69(2)
八面柱(上宮王院)＊　60
□(花)山ノ龍池＊　74→龍池→池(事項)
播磨国鵤庄　76, 77→鵤庄
播磨国鵤庄東北条　76→鵤庄

ひ

久岡名　78→鵤庄内久岡名
広田(社)　80→南宮, 西宮南宮広田
東室厨舎(クリヤ)＊　67→円城院房(坊)→厨舎(事項)
東室大坊＊　65
(東室)南妻室＊　65→南妻室

ふ

仏堂(上堂)＊　75

ほ

宝殿＊　63→五所之宝殿, 東院五所之宝殿
宝光院＊　68(2), 74, 80→宝光院但馬得業(人名)
法性寺殿　58
法性寺一橋　58
法隆寺＊　57, 58, 62, 63, 65, 76, 77→当

山, 当寺
卉(菩提)寺　72→橘寺→末寺(事項)
ま
松尾　57→京西山松尾, 西松尾, 西山
み
三清名　57→鵤庄内三清名
光久名　73→鵤庄内光久名
御堂(西円堂)＊　79
南ウラノ戸(舎利堂)＊　55
南蔵(綱封蔵)＊　68(3)
南妻室＊　65→(東室)南妻室
冥符＊　80(2)
冥符御社＊　80→御社(冥符)
め
馬道(西室)＊　76
目安　63→目安住人(事項)
も
唐土　54
門唐居敷(箸尾氏)　69
や
薬師寺　63, 72→薬師寺別当(人名)
楊生庄　59
ゆ
弓削庄　77→河内国弓削庄
湯岳上渡　58→湯岳渡→渡(事項)
湯岳渡　59→湯岳上渡→渡(事項)
夢殿＊　60→正堂→円堂(事項)
よ
与楽寺ノ観音堂蔵　69→蔵(事項)
ら
礼堂(上宮王院)＊　63
り
龍池＊　75, 80→□(花)山ノ龍池→池(事項)
ろ
楼門(龍田宮)＊　81

事　項

あ
アセ(汗)　71→二王アセ
アミダ仏　53→値アミダ仏
阿伽器　65
閼伽　54→具
預　55(7), 56(2), 59→舎利預
預職　56→舎利預
宛行　73
尼　62
尼御前　76→光明山尼御前(人名)
阿弥陀三尊　71→金堂御仏阿弥陀三尊
雨　66, 75
綾浮文　58→領
綾生絹　58→生絹, 両
或日記　62, 71, 78
或説　61
或女人　74
或年代記　65
或人　53
安居講　73
安置(舎利, 聖霊御影像并仕者惣五躰, 心経梵本, 法相宗祖師曼荼羅并太子御影)　53(2), 65, 66, 77
い
鋳　66(2), 70, 71
鋳立　70
威儀師　61, 67(4), 75→大威儀師, 使威儀師
已講　59, 70
池　64(2), 75, 77, 80→猪那部池, 龍池(地名)
池堤　73
委細　54, 76
石居(上堂)　75
石壇(中門)　71
石登橋(講堂)　73
石橋(上宮王院)　60
板敷(講堂)　73
板敷戸(講堂)　73→戸
一向　77(2)
一座　80→講問一座(龍田宮)→座
一所(五所社, 惣社)　63, 76
一条天皇御宇　73→御宇→一条天皇(人名)

一説　76
一物　76
一臈　55(2), 56(2), 80
犬防(絵殿内陣)　52
入子鉢　69(2)→具
印算本ノ年代記　52→年代記, 印算(人名)
院主(三経院, 上宮王院, 聖霊院)　59(2), 66(2), 78
院代(上宮王院)　62→良観上人(人名)
因明講　78
う
失物　69
後戸格子(上堂)　75→格子
内鐘(聖霊院)　66
打敷　55
打橋　62→新舞台内橋(地名)
移　73, 80(2)→神移
移納　67(3), 68(2)
裏絹(法花義疏)　57
漆(二王)　70(2)
え
絵　52(3), 53
絵師(絵殿, 中門)　52(3), 70(2), 77
絵師工　77
絵殿供養　52→供養
絵殿採(彩)色　52→採(彩)色
絵殿戸　52→戸
絵殿内陣　52→内陣
栄爵　59
会粁(料)　61, 77, 78→(聖霊会)会料, 勝万会粁
延喜御門御宇　73→御宇
円鏡　69
円堂　59
延年　65
お
往古　70
大石(聖霊院池堤)　73→池堤
大垣(冥符社)　80
大風　75
仰　57(2), 58(2), 62→近衛大殿之仰, 慶政之仰→慶政(人名), 源(朝)臣頼朝仰→源(朝)臣頼朝(人名)
押手名　53
御旅所　80→龍田大明神御旅所(地名)
御行(西円堂, 上宮王院)　60, 61, 79→修二月□(御)行, 上宮王院修二月□(御)行, 二月御行
御社　80(3)
御舎利殿太子御影事　53
御舎利堂事　53
御舎利堂日記　59
御衣(おんぞ)　54, 63→夏御衣ノ綿
御塔事　74→塔(地名)
御時　68
声(おと)　70
弟　77
女郎花　58
か
菓(顆)　55
開眼　72(2)→仏開眼
開眼供養　65, 72
改替　55, 56, 66(2)→預職
買取　67
開白　72
皆粁　71(2)
蓋具　62
火炕　54
火舎　54
鏡　69(4)
書写　52(2)
覚長寺務廿二ヶ年御代　53→寺務, 御代→覚長(人名)
覚遍法印御代　63, 70→法印, 御代→覚遍, 光明院(人名)
学衆　76
学生供　76→三経院学生供
学頭　69
学問　58
楽人　61, 62
伽陀　65→式伽陀
花台　57→銅ノ花台
裹頭　65, 70

鐘　54, 66, 74, 79(3)→内鐘, 寺鐘, 西寺鐘, 談義鐘
框　60
神移(惣社)　76→移
上堂四天　75→四天
上堂事　75
唐櫃蓋　70
唐物花立　57→花立, 瓶
唐門　58
搦出　69
搦手　69
瓦地(冥符社)　80
瓦葺替(中門)　71→葺替
勧学講　78
勧学(講)米　78
管弦講　52, 57→太子講式管弦講, 涅槃会管弦講
勧請(冥符社, 龍池)　80(2), 81
勧進　54, 57, 60, 62(2), 63(2), 66, 70(2)→寺辺勧進
灌頂　66(2)→伝授灌頂
垸飯免田　61→免田
願主　63, 70, 77→大願主

き

木瓦葺(小経蔵)　66
后　79→光明皇后, 聖武天皇之后(人名)
帰坐　63, 65, 80
儀式　58
寄進　57(2), 60, 61, 62(2), 63(2), 64, 72, 73, 77(3), 78(3)
寄附　60
北戸(綱封蔵)　69→戸
北向座　68→坐(座)
北室事　63
吉祥御願　72(3)
吉祥天　72→二天像
逆修　54(2)
旧跡　73
御宇　52(2), 61, 65, 67(4), 72, 73(3), 76, 78→一条天皇, 延喜御門, 後三条院尊仁, 後冷泉院, 淳和天皇, 白河院, 清和天皇, 高倉院(憲仁), 鳥羽院(人名)
御筆　77
経営所(三経院)　78(2)
経□(箱)　58→蒔絵経箱
経聖　81→聖→乗印房(人名)
行基ノ舎利　54→舎利
行事　65, 66, 70, 72
脇足(息)　54
交名　72
玉幡　65→庭幡, 幡, 粁幡, 流
金口(中門)　66, 70(3)
銀壺　54
銀香炉　53→枝
近代　70

く

口(く)　55, 63(3), 64, 65, 72
口舌(くぜつ)病　80
具　54, 69, 71
供花　65
供僧　63
供田粁　63→寄進
供米　61
供物　65
供養　52, 55, 60, 61(3), 62, 72, 81(3)→絵殿, 龍田宮千部経供養, 開眼供養(金堂), 七僧, 舎利, 六十六部経供養
供養之導師　60
供養法　61
供養法衆　74
朽葉(くちば)　58
雲　81
公文　55, 68(2), 69(2)
公文寺主　69→寺主
蔵(倉)　67(4), 68(8), 69(2), 76→卅三蔵, 雙ノ蔵→与楽寺ノ観音堂蔵(地名)
蔵開(綱封蔵)　67, 68
黒筒　63→筒

け

磬　54
契状　55
慶政之仰　57→仰→慶政(人名)

下巻(法華義疏)　57
下向　52, 59(3), 60, 67, 68→上下向
下旬　54→預, 預職, 舎利預, 上旬, 中旬, 中旬ノ預
下斗(枡)　62→枡
下臈分　74
結縁　53
結夏　75(2)
闕分　55
夏中　73, 74, 75→講堂夏中最勝王経供, 塔夏中大般若経供
花幡(鬘)　62
解文銭　69→銭
勧賞　55
顕真小雙帋(草子)　56, 57, 61, 74
顕真得業小草子　62
顕真(得業)日記　65, 68(2), 80
建造(金光院)　64
見物衆　70
こ
薨御　71→聖徳太子薨御
興行　59
格子　75(3)→後戸格子, 鬮間格子
講堂夏中最勝王経供　73→夏中
講堂事　73
講堂仏壇　74→仏壇
講問　65
講問一座(龍田宮)　80→座
合　58→蒔絵経箱
綱所　67, 68
綱所使　67→使威儀師
綱掌　68
綱封蔵事　67
郷人　74
御願　79
御出現(舎利)　55, 56
御所　58→猪熊御所(地名)
御霊会　64→天満御霊会
五古(鈷)　54
五師　55, 56(2), 58(2), 59, 64, 68, 69
五所　63→五所社(地名)
五所社事　63
五帖　69
古今目六(録)抄　52, 53
古日記　56, 63, 76, 78
古坊　67
志　77
木作　75
木作始　63, 77
今年　81
近衛大殿之仰　58→仰→近衛大殿(家実)(人名)
小鉢　55→鉢
米　55(2)
後三条院尊仁御宇　52→御宇→後三条院(人名)
後三条院御代　59→御代, 後三条院(尊仁)(人名)
□(後)夜　72
後冷泉院御宇　67, 78→御宇→後冷泉院(人名)
懃(勤)行　59, 78, 79→三昧懃行
勤修　72→如法勤修
金剛盤　54
金剛力士　70
金堂御仏阿弥陀三尊　71→阿弥陀三尊
金堂十僧　73→十僧
金堂西壇仏　71→西壇仏
金堂事　71
金銅仏(金堂)　73
金銅仏像合四十九躰　72
金堂壁　71
金堂析幡　71
懇志　53
権者　80→真言師→隆詮(人名)
建立(講堂, 西円堂)　74, 79
さ
サタ　52(2), 56, 66, 67, 71(2), 74(3), 75(3), 78, 80
坐(座)　56→北向座, 東坐, 西向(坐), 南坐
座　80→講問一座
西円堂事　78
西寺鐘　79(2)→内鐘, 鐘, 寺鐘, 談義鐘

西寺鐘落事　79
西寺手水屋事　80
再興(聖霊会)　61(2)
採(彩)色(絵殿)　52(2)
綵(彩)色　70(3),75→二王(中門),四天(上堂)
最勝王経供　73→夏中,塔夏中最勝王経供
在庁　68,69
在庁法橋　69→法橋
酒免田　60→蓮花会酒免田,免田
作者(三鼓)　63
沙汰　54,56(3),57,58,62,70,71(2),73,76(2),77,79,81
三経院学生供　76→学生供
三経院事　76
三古(鈷)　54
三鼓　63→聖霊会三鼓
三綱　69
三所(惣社)　76
三番　80
三部大乗副講　59→大乗副講
三昧　63,65
三昧懃行(上宮王院)　59→懃行
参詣　57,61,68
卅三蔵　67→蔵
残銅　66→銅
し
枝　53→銀香炉
椎鈍　68
慈恩会　77→竪義
持戒僧　63
式伽陀　65
式師　52
敷板(聖霊院)　66
敷居(舎利堂)　55
色(職)衆　62,65(2)
始行　54,57,61(2),65,73
寺家　68,77→興福寺寺家(人名)
寺司　72
寺主　68,69(2)→公文寺主
寺鐘　54→内鐘,鐘,西寺鐘,談義鐘
寺僧　56,65,69,74,77
寺務　53→覚長寺務廿二ヶ年御代
寺辺　57→勧進
師(獅)子装束　62
仕者　65→聖霊御影像并仕者惣五躰
師匠　66(2)→玄光(人名)
私庄田　59
使節　57
四足　64
四天(王)　75→上堂四天
四面(塔)　74
次第　59
時代　59,60,65,76(3),80
下重　54→装束
下地　71
七僧供養　81→供養
仕丁　68
実乗方　80→実乗(人名)
地盤石(講堂)　74
尺迦念仏　60→上宮王院尺迦念仏
杓　54
社参　80
舎弟　59
舎利(舎利堂,塔)　52,53,54(2),55(3),56(3),57,58,74(2)
舎利　54→行基ノ舎利
舎利預　54,58→預,預職,下旬,上旬,中旬,中旬ノ預
舎利失(舎利堂)　54,55(2),56
舎利供養　55,61(2)→供養
舎利講　59→長日舎利講
舎利サラ(舎利堂)　54
舎利水精塔　56→新塔,水精塔,塔
舎利殿太子御影　53→太子御影
沙弥　62
呪願　72
呪師　72
集会　74
衆義　55
衆中　57
修造(円堂,綱封蔵,上宮王院,中門,塔)　59(2),60(2),64,70(2),74

白蓋　62
心経梵本　66→梵本
心柱　74
真言師　80→大真言師→三教房（人名）
沈香　69
新作（手水屋）　80
新造（円城院坊厨舎，三鼓，西室，冥符御社）　63，67，75，76，80
新造立（東室大坊）　65
新塔　56→舎利水精塔，水精塔，塔
新舞台打橋　62→打橋（地名）
神□（事）　59
晨朝　72
尽未来際　59→未来際

す

水精塔　55，56（2）→舎利ノ水精塔，新塔，塔
水田　63，77（2）
水難　58

せ

清和天皇御宇　61→御宇→清和天皇（人名）
施行　64
施主　62（3），64（2），66，73，75，78，79，81（2）
施入　53，59，62（2）
摂政　67
銭→解文銭，賞銭，別賞銭
先規　79
遷坐（太子御影）　65
禅衆　57，76
前生　54
善縄（橘寺）　75→太子四十六ヶ伽藍善縄
遷入（太子御影）　65
千部経供養　81→供養，龍田宮千部経供養

そ

造営　53，59，60，62，63，65，66，76，78，79，80
造継（講師坊）　78
造功（経営所，講師坊，二王門）　71，78（2）
造始　78
造写　63
造替（五所社，舎利堂，聖霊院，龍田夷，天満社，龍田宮）　54，61，63，64，66，76，80
造入　78
造立（講堂前石登橋，舎利堂，聖霊院，惣社，大講堂）　53，65，73，74，76
僧綱　69，70
僧正　60，63，71，73，76，77，78，80
僧都　61，64，72，74，75（2），76，79（2）→大僧都→行信（人名）
僧坊（金光院）　64
惣寺　56，67，75（2），76，78，80
惣社事　76
相伝　59
草本　57→初・後両巻，太子草本，残二巻，法花義疏，四巻
送入（橘寺金銅仏像四十九躰）　72
贓物　69
息　68

た

タヽミ　56
代　55，58（2），68→年会代
大威（儀）師　61，67
大願主　63→願主
大工　52，70（2），79
第三重層（塔）　74
大師講（鑑真）　75
大衆　65
大乗副講　59→三部大乗副講
大僧都　53，59（2），61，64，67（3），68，71→僧都
大徳　59，73
大般若経供（塔夏中）　75
大夫　68
大夫人　79→夫人
太子（御影）　65→太子御影
太子講式　52→管弦講
太子草本　57→初・後両巻，残二巻，法華義疏，四巻

太子童子形御影　53→御影
太子二歳御影　53→御影
太子二歳御影事　53→御影
太子宝物(舎利堂)　57→宝物
太子御影　77→太子(御影),御影
太子四十六ヶ伽藍善縄(橘寺)　75→善縄
鷹　74
他界　62
高倉院(憲仁)御宇　52,67→御宇→高倉院(憲仁,人名)
高タナ　81
高ミテクラ　81
託宣　81
橘(芣)寺金銅仏四十九躰　72
龍田夷御事　80
龍田宮千部経供養　81→供養,千部経供養
龍田宮八講　80→八講
龍田宮六十六部経供養　81→供養,六十六部経供養
龍田宮童舞　81→童舞
憑支　76
多羅葉(たらよう)　65
段米　76
湛舜遺跡　75→遺跡,湛舜(人名)
談義鐘　79→内鐘,鐘,西寺鐘,談義鐘
談義料　77

ち

治　59,60,64(2),65,71,79
値アミタ仏　53→アミタ仏
値遇　53
築造　64(2)→猪那部池(地名)
兒　65,69
中院御時　68→御時
中古　55
中綱　68(2),70
中旬　54→舎利預
中旬ノ預　55→預,預職,舎利預,下旬,上旬
中門二王事　70
丁子　69
丁(聴)衆　60
停止　59
長日舎利講　59→舎利講
長者宣　58
長吏　64
調進　62
勅使　67,68
勅宣　77

つ

築地(金光院,冥符社)　64,80
追善　63→没後追善
通仏　53
使威儀師　67(3)→威儀師,綱所使
番論議　65
机　56
土瓦葺　75
勤　75
坪(壷)　56(2)
壷　55
筒　63→黒筒
妻戸　66,78
妻庇(三経院)　78
頬(つら)　58

て

庭幡　62→玉幡,幡,析幡,流
寺預　76
寺納(枡)　55→枡
寺納定(枡)　70→枡
伝供　65
伝授灌頂　66→灌頂
天井(上宮王院)　60
天像　72
天王寺童舞　81→童舞
天童　65
天満講(問)　64
天満御霊会　64→御霊会
天満社事　64
顛倒(上堂,綱封蔵,西円堂,東室大坊)　65,67(2),75,79(2)
田楽　76

と

戸　52(2),54,55,61,69,73→板敷戸,

北戸, 西戸
東路　59
塔　55, 56(2), 74(5)→舎利水精塔, 新塔, 水精塔, 元ノ坪(壺, 塔)
塔夏中大般若経供　75→夏中, 大般若経供
塔本仏→本仏　74
堂　76
銅　66→残銅
銅ノ花台　57→花台
導(道)師　60, 61, 72(2)
道間　59
道間析　78
道場菴室　64→如法経道場菴室(地名)
頭人　61
当年　81
燈明　76→仏供燈明
燈炉(講堂前)　74
独古(鈷)　54
宿直　73
鳥羽院御宇　65, 67→御宇
鳥　74
鈍色(どんじき)　69
な
内陣(絵殿, 三経院, 聖霊院)　52, 66, 78
夏御衣ノ綿　54→御衣ノ綿, 綿
雙ノ蔵　67→蔵
奈良舞人　81→舞人→奈良(地名)
に
二王アセ　71→アセ
二王　70(4)→綵(彩)色
二月□(御)行　60→御行, 修二月□(御)行, 上宮修二月□(御)行
二天像　72→天像
西壇仏　71→金堂西檀仏
西向(坐)　68→坐
(金堂)西間仏　71
錦　58
日没　72
日中　72
入寺　61
女人　74→或女人
如法勤修　72→勤修
任補　64
任析(料)　55, 56, 64, 70
ぬ
盗人　53, 54(2), 68, 69, 70, 71(3), 73
盗取　53
塗(金剛力士)　70, 75
ね
涅槃会(舎利堂)　57→管弦講
年会代　68→代
年季　81
年貢　78
年号　79
年代記　52(2), 53→印算本ノ年代記
の
納ケサ　65
残二巻　57→初・後両巻, 草本, 太子草本, 法華義疏
は
ハタイタ(端板　講堂)　74
拝殿(天満社)　64
袴　54
柱　55
柱立(上堂, 西室)　75, 77
破損　53, 67, 69, 78
鉢　53→小鉢, 仏鉢
八葉鏡　69
八講　80→龍田宮八講
花立　57→唐物花立
花餅免田　60→免田
放　68
母(公)　79, 81
判行　72
半夜　72
幡　62(7), 65, 71→玉幡, 庭幡, 析幡, 流
幡銘文　62(2)→銘文
ひ
樋　64→猪那部池樋(地名)
東坐　68→坐(座)
引居　73
比丘尼　70(2)
毘沙門天　72

聖　72→経聖→乗印房, 範快(人名)
火付　74
評定　58, 73
平袈裟(ケサ)　65, 68(3)
ふ
封(水精塔, 綱封蔵)　55(2), 56(2), 68
封勘(綱封蔵)　67
舞楽　62, 81(2)
舞台打橋　62→打橋
葺替　71, 78→瓦葺替
奉行　61, 78, 80
布施　58(7)
布施物　62
蓋　69(2)
縁　55
仏供　61
仏供餅免田　72→花餅免田
仏供燈明　76→燈明
仏器　54
仏師　53, 70(2)
仏聖(西円堂)　79
仏生会(講堂)　73
仏壇　74→講堂仏壇
仏鉢　69→鉢
夫人　79→大夫人
補任　55, 59(2), 64
舩　58(2)→乗舩
分米　62
へ
瓶　57
瓶子　69
別帋(紙)　68
別賞銭　74→銭, 賞銭
ほ
宝財　70
法印　58, 59, 63, 69, 70, 74, 75(2), 76, 77(2), 78, 80
法眼　53, 59
法服　65, 68
法橋　52, 53, 62, 69→在庁法橋
法相宗祖師曼荼羅　77→曼荼羅
宝物　57, 58, 67(3), 68(4), 70→太子宝物
宝物日記　68
卜占　80
卄(菩薩, 塔)　74
卄(菩薩)舞装束　71→舞装束, 装束
法花義疏　57→初・後両巻, 残二巻, 太子草本, 四巻
仏開眼　72→開眼
没後追善　63→追善
本願主　80
本尊　73, 75
本斗(枡)　78→枡
本仏　74→塔本仏
梵本　66→心経梵本
梵網経　57
ま
舞装束(菩薩)　71→装束, 卄舞装束
舞人　54, 61, 62, 81→奈良舞人
舞人装束　54→装束
蒔絵経□(箱)　58→経□(箱), 合
枡→下斗, 庄納定, 寺納定, 本斗
末寺(芿寺)　72→芿寺(地名)
末世　56
満寺　73, 76
曼荼羅　77→法相宗祖師曼荼羅
み
御影　53(4), 60, 65, 77→聖霊御影像并仕者惣五躰, 太子(御影), 太子童子形御影, 太子二歳御影, 太子御影
御影供(弘法大師)　66
御門　73→延喜御門御宇, 御宇→延喜御門(人名)
御代(公範, 覚長, 覚遍, 後三条院)　53, 59, 63, 70, 77(2), 78
巫女(龍田宮)　80, 81→龍田八郎巫女(人名)
南坐　68→坐(座)
源(朝)臣頼朝仰　62→仰→源(朝)臣頼朝(人名)
京(みやこ)人　52
宮渡　76→渡
冥符御社事　80→冥符社(地名)

「法隆寺雑記」を読む会

河野　昭昌（こうの　しょうそう）

略歴：1944年（昭和19）広島県生まれ、早稲田大学文学研究科日本史学博士課程修了。
早稲田大学大学史編集所を経て、石川文化事業財団にて興福寺文書を調査。1998年より奈良県斑鳩町に在住し、南都寺社関係史・聖徳太子信仰史を研究。2002年より「斑鳩を古文書で歩く会」、2007年より「斑鳩の地名を古文書で歩く会」を開塾。

共著：『田原本御坊浄照寺史あれこれ話　法談そらちゃうで』（2009年）

編：『南北朝期　法隆寺記録』（岩田書院、2014年）

主要論文：「梗概・内山永久寺と興福寺との位相」（『國學院大學日本文化研究所紀要』89輯、2007年）。「鎌倉前半期法隆寺と興福寺との構図の一断面」（『堯榮文庫研究紀要』７号、2007年）。「倒叙太子信仰史　近・現代編　1～18」（『聖徳』179～201号、2004年２月～2009年７月）など。

共編：「翻刻と研究「承元四年信円記」（『堯榮文庫研究紀要』６号、2005年）

嵜本　和臣（さきもと　かずおみ）

略歴：1941年（昭和16）奈良県生まれ、大阪市立大学文学部国史学科卒業。
2000年まで奈良県で教職。1974年より大阪府八尾市在住。2011年より「斑鳩の地名を古文書で歩く会」に参加。

南北朝期 法隆寺雑記　南都寺社史料集 2　　岩田書院 史料選書 5

2017年(平成29年) 7月　第1刷　500部発行　**定価[本体3200円+税]**

編　者「法隆寺雑記」を読む会 (代表：河野昭昌)

発行所 有限会社 岩田書院　代表：岩田　博　http://www.iwata-shoin.co.jp
〒157-0062 東京都世田谷区南烏山4-25-6-103　電話03-3326-3757 FAX03-3326-6788
組版・印刷・製本：藤原印刷

ISBN978-4-86602-979-5 C3321 ¥3200E

岩田書院 史料選書

①	川名　　登	里見家分限帳集成	2000円	2007.02
②	西川甚次郎	日露の戦場と兵士	2800円	2014.03
③	河野　昭昌	南北朝期 法隆寺記録	2800円	2014.07
④	多久古文書	佐賀藩多久領 御家中寺社家由緒書	1200円	2015.07

岩田書院 史料叢刊

①	岡崎　寛総	遠山金四郎家日記	6900円	2007.02
②	部落解放研	群馬県被差別部落史料	9500円	2007.10
③	高木　俊輔	信濃国麻績宿名主日記	7900円	2009.12
④	武井　正弘	奥三河花祭り祭文集	8900円	2010.07
⑤	岡田　　博	幕末期不二道信仰関係資料	7900円	2011.07
⑥	首藤　善樹	大峯葛城嶺入峯日記集	7900円	2012.07
⑦	大谷　正幸	富士講中興の祖・食行身禄伝	6900円	2013.07
⑧	清水紘一他	近世長崎法制史料集 1	21000円	2014.04
⑨	坂本敏行他	熊野那智御師史料	4800円	2015.09

岩田書院 影印叢刊

①	橋本・小池	寛永九年版 大ざつしよ	5900円	1997.01
②	澤登　寛聡	農家調宝記	（品切）	2001.07
③	長島　憲子	江戸市政裁判所同心当用留	11800円	2002.08
④⑤⑥	小泉吉永	近世蔵版目録集成 往来物編（全3冊/索引1）	揃41000円	2006.7-12
⑦⑧	小泉　吉永	大坪流馬術書（上下）	揃13800円	2008.06
⑨	小泉　吉永	庄屋心得書 親子茶呑咄	8900円	2008.09
⑩	久野・小池	簠簋傳・陰陽雑書抜書	6900円	2010.04
⑪	高達奈緒美	佛説大蔵正教 血盆経和解	8900円	2014.07